아이 스스로
끝까지 풀게 하는
초등
실전 수학

아이 스스로 끝까지 풀게 하는 초등 실전 수학

개념 이해를 넘어
유형별 문제 해결력까지
상위 1% 수학정복

오안쌤(한송이) 지음

위즈덤하우스

수학 구원자 오안수학! 엄마들의 폭발적인 후기

초등학교 입학과 동시에 수학 문제집 선택 기준이 없어 난감해하던 차에 오안수학 오안쌤을 알게 되었어요. 문제집 큐레이터라는 말도 낯설고 오안 선생님에 대한 정보도 없었지만, 무슨 마음이었는지 '그냥 한번 해 보자!' 하던 게 지금까지 이어지고 있습니다.

선행은커녕 2학년 여름방학 때 구구단을 외운 우리 딸이지만, 지금은 중등 문제를 풀 정도로 잘 해내고 있어요. 이게 다 오안 선생님 덕분입니다. 자신감 없던 아이가 이제는 친구들에게 '수학 잘하는 친구'로 인정받고, 선생님들도 학원이 아닌 가이드로 이렇게 잘하고 있는 걸 신기해하시니까요.

지금 생각해 보면, 그때 망설임 없이 오안수학을 선택한 제 자신이 참 대견하고 고맙습니다. 까마득하게 느껴졌던 초등의 길도 이제 1년

밖에 남지 않았네요. 오안 선생님과 함께할 날이 얼마 남지 않은 것 같아 아쉽기만 합니다. 오안 선생님께 배운 꾸준함의 힘, 해낼 수 있다는 자신감, 이를 통해 쌓아 올린 자존감으로 앞으로도 잘할 수 있을 것 같아요. 정말 감사합니다, 선생님.

- 보름이맘(5학년 딸 엄마)

저의 오안수학 첫 시작은, 아이는 엄청 울고 저는 그런 아이와 감정적으로 대치하는 모습이었어요. 문제가 어려워서 울고, 오늘은 풀고 싶지 않다고 울고, 틀린 걸 고치라니 억울하다고 울고, 모르는 걸 다시 읽어보라니 또 울고…. 그런 아이에게 소리 지르고 화내고 무시하고 어르고 달래고, 작두 타고 꽹과리 치며 지금까지 세 번째 단체반을 이어가고 있습니다. 어떻게 이 어린아이가 다 알겠어요. 이게 자신의 미래를 위한 노력이고, 결실의 땀이라는 걸요.

이제는 아이도 노력의 깊이를 다 알진 못해도 노력의 결과는 느껴서인지, 힘들어도 울어도 잠 못 자도 꾸준히 이어가고 있어요. 그러다 보니 학교에서도 자신감 있는 생활을 하다 보니 학교 수업 듣는 게 즐겁다고 하더군요.

학교 선생님과 교감하며 자신감을 가지게 해 준 오안쌤께 감사드려요. 선생님의 강단 있는 어투에 아이들이 자연히 따르게 되네요.

"어쩌라고! 그래서 안 할 거야?!"

맞아요, 우리 오안쌤 최고! 믿고 따르는 오안수학입니다.

- 최효림1008(2학년 딸 엄마)

첫아이가 초3 때, 꼭 보내고 싶던 학원에 자리가 없어서 대기해야 한다고 하길래 기다릴 겸 엄마표 수학으로 오안수학 단체반을 시작하게 되었습니다. 그렇게 '학원 자리 날 때까지만 해야지.' 생각했던 오안수학을, 아이가 6학년이 될 때까지 꾸준히 이어오고 있어요. 둘째도 당연히 2학년 때부터 함께하고 있고요.

어느덧 아이들은 자기주도 학습이 자리 잡았고, 그 누구보다 수학에 자신감이 생겼어요. 결과 또한 기대를 저버리지 않더라고요. 원하던 학원에서 자리가 났다는 연락을 받았지만, 이미 자기주도가 확립된 아이는 학원 대신 오안수학으로 계속 공부하길 원했어요. 이제 오안수학 졸업을 앞둔 시점이지만, 여전히 혼자 공부할 수 있다는 자신감을 보여주고 있습니다.

혼자 막연히 엄마표로만 공부했다면 아마 배가 산으로 갔을지도 모르죠. 주변 친구들은 학원을 다니지만, 그 아이들보다 수학에 더 큰 자신감을 보이는 우리 아이!

오안쌤 덕분에 완전히 성공한 엄마표 수학이라고 자신 있게 말씀드리고 싶어요. "수학은 꼭 학원을 가야 한다."는 주변 학부모들의 조언 속에서, 마침 학원에 자리가 없어 어쩔 수 없이 시작한 오안수학이었지만요. 지금은 그 상황이 참 다행이었다고 생각합니다.

엄마표로도, 아니 그 이상으로 해낼 수 있습니다. 옛날의 저와 같은 고민을 하고 계신 학부모님들도 꼭 도전해 보셨으면 합니다.

- **유블리맘(6학년 딸, 4학년 딸 엄마)**

아이 공부에 대단한 욕심이 있었던 건 아니지만, 지나고 보니 꼭 필요한 만큼은 채워 줘야겠다는 생각이 들었어요. 주변에서 건너건너 들은 이야기들도 그 생각을 더 굳히게 했고요. 그래서 엄마표 수학을 시작하게 되었습니다.

큰아이 초1 때까진 나름 잘해 나갔는데, 경단녀였던 제가 초1 겨울에 좋은 기회를 만나 다시 일을 시작하면서 큰아이 책상에는 풀지 못한 문제집만 쌓여 갔어요. 그렇게 아이는 어느덧 '수포자'가 많이 발생한다는 초3을 앞두고 있었고, 저는 조급한 마음에 학원을 알아봤지만 선택지가 너무 많다 보니 결정을 못 하고 시간만 보내고 있었습니다.

그러다 우연히 인스타그램에서 본 '오안수학 예비 초3 단체반 모집' 피드! 엄마표 경험이 있었던 저는 홀린 듯 오안수학 단체반을 시작했고, 그렇게 함께한 큰아이는 어느새 5학년이 되었어요.

이제 아이는 스스로 스케줄을 보며 공부하고 하루를 계획합니다. 가끔 흔들릴 때도 있지만, 길든 짧든 어느새 다시 자리로 돌아와 해야 할 일들을 해내는 모습을 보며 꾸준함이야말로 정말 큰 재산이라는 걸 느낍니다.

그런 큰아이를 보며 따라가는 둘째를 보고 있자니, 쉽지 않지만 묘하게 더 수월한 느낌이랄까요. 모두에게 완벽하게 맞을 수는 없겠지만, 또 모두에게 맞을 수도 있는 게 바로 '엄마표 수학'인 것 같아요.

솔직히 혼자 했다면 포기했을 순간들이 많았을 텐데, 오안수학 덕분에 포기 직전에서도 다시 마음을 다잡고 이어올 수 있었습니다. 큰아이와 달리 여러모로 더 힘든 둘째를 보며 또 한 번 느꼈어요. 엄마가 포기하지 않으면 아이도 포기하지 않는다는 걸요!

함께하는 힘, 오안수학! 그 안에서 저희 아이들은 오늘도 열심히 자라나고 있습니다.

- 미니랑유니랑(5학년 아들, 3학년 아들 엄마)

오안수학과 함께하지 않았던 1, 2학년 시절에는 우리 딸이 스스로 "나는 수학을 못하는 사람이야"라고 단정 짓곤 했어요. 저도 '우리 딸 수학 어떡하지….' 하는 걱정을 많이 했죠.

그러다 3학년이 되면서 오안수학과 함께 공부를 시작했는데, 드디어 딸이 "수학 할 만하네!"라고 말하더라고요. 저 역시도 '우리 딸, 수학 좀 하네?'라는 생각으로 바뀌었어요. 오안수학 스케줄이 많긴 하지만, 그걸 다 해내며 느끼는 성취감은 아이가 경험할 수 있는 기분 중에 단연 최고인 것 같아요!

이제 내년부터 시작할 둘째도 벌써 설레고 기대된다고 하네요. 수학에 대한 편견을 깨주는 오안수학 수업, 항상 기대된답니다.

- pleiades(3학년 딸 엄마)

수학이라면 치를 떨던 아이였습니다. 학원도 싫다며 버티는 아이를 두고 '어떻게 해야 하나?' 하고 고민하던 찰나, 오안수학을 알게 되었습니다.

수포자 엄마에 수학을 싫어하는 아이 조합이라 선뜻 시작하기가 쉽지 않더라고요. 몇 달을 고민하다가 결국 단체반을 시작했는데, 처음엔 아이랑 많이 싸우고 윽박지르고, 아이는 울고…. 정말 난리부르스였어요. '내가 엄마표를 왜 시작했을까, 미쳤지….' 하는 생각을 수도 없이 했죠.

그때 오안쌤이 "포기하지 말고 꼭 완주하세요."라고 하셨던 말이 큰 힘이 됐어요. 함께하는 친구들을 보며 아이도 조금씩 완주의 즐거움을 알게 되었고요. 지금은 스스로 수학 잘한다며 사람들 앞에서 자랑을 해요! 그 자신감이 정말 고맙고 또 고마울 따름입니다.

무엇보다 수학 덕분에 아이와 알콩달콩 보낼 수 있는 시간이 많아져서 너무 좋아요. 오안수학이 있어서 얼마나 든든한지 모릅니다!

- 수인맘16(3학년 딸 엄마)

저는 첫째 아이가 3살 때부터 워크북을 들이밀던, 학습과 태도에 열정적인 엄마였습니다. 10살까지 여러 학습 지도를 해 보며 느꼈던 건, 제 입시 때 발목을 잡았던 '수학'만큼은 아이가 꼭 잘했으면 좋겠다는 마음이 깊이 자리하고 있었다는 거예요. 사고력 수학도 보내보고, 엄마표 수학도 해 봤지만, 돌이켜보면 6~7살 아이에게 너무 앞서갔던 게 아닌가 싶어요.

그러다 8살 때 오안쌤의 문제집 강의를 듣고 처음으로 아이의 수준과 방향성을 명확히 알게 되었고, 그때부터 선생님 팬이 되었습니다. 라방도 듣고, 위로와 반성을 얻으며 차분히 16년생 단체반 프리반부터 시작하게 되었어요.

처음엔 하루에 3~4권씩 풀어야 한다는 선생님의 말을 듣고 '이걸 어쩌나?' 반신반의했지만, 등록 후에도 아이랑 지지고 볶고 울기도 하며 버텼습니다. 하지만 밴드에서 다른 어머님들과 선생님들의 응원과 격려를 받으며 '우리 아이만 이런 게 아니구나.' 싶더라고요. 그렇게 3개월 꾸준히 하다 보니 정말 4권의 문제집을 완북했고, 그때의 성취감은 말로 다 표현할 수 없었습니다.

그 이후로 아이의 수학 자신감이 점점 올라갔어요. 주변에서 "내가 제일 잘해!" 하며 자랑할 때도 있고, 또 힘들어할 때도 있지만 2년 동안 꾸준히 성장해 온 게 느껴집니다. 동생도 문제집 강의를 듣고 18년생 프리반 개강을 손꼽아 기다리고 있어요. 언니의 완주 굿즈 선물을 너무 부러워하거든요.

봄, 여름, 가을, 겨울… 그리고 다시 봄, 여름 학기를 지나며 고비도 많았어요. "이제는 재등록 안 해야겠다.", "학원이나 가라!" 하던 순간들도 있었지만 결국 아이도 저도 다시 오안수학을 택했습니다. 결국 아이는 울면서도 책을 펴더라고요.

제가 채점을 하면서 '아, 여기서 이 개념이 부족하구나.' 하고 아이의 구멍을 직접 확인할 수 있었어요. 워킹맘이라 채점이 밀릴 때도 있는데, 오히려 아이가 "엄마, 나 틀린 거 많아지면 고치기 힘들다며~ 왜 엄마는 미뤄?"라고 하던 일도 있었어요.

이렇게 아이도 저도 많이 성장했어요. 실력뿐 아니라 '꾸준함'이 가장 큰 변화입니다. 물론 성적에 연연할 때도 있지만, 중간중간 시험을 보며 반이 바뀌고 문제집이 바뀌면서 우리 둘 다 계속 점검하고 있어요.

예전엔 한 출판사 교재만 단계별로 풀렸는데, 지금은 선생님이 스케줄과 문제집을 다 정해 주시니 훨씬 수월합니다. 워킹맘 입장에서는 그저 '아이 옆에 있어 주기만 해도 된다'는 게 정말 큰 위로였어요. 학기 시작 때마다 아이가 "이번엔 어떤 문제집일까?" 하며 궁금해하는 모습도 이제 일상이 되었어요.

개인적으로 상담드릴 때마다 선생님께서 너무 진솔하게 말씀해 주셔서, 이 자리를 빌려 감사 인사를 꼭 전하고 싶습니다. 오안수학을 하면서 '공부는 재밌어서 하는 게 아니라, 해야 하니까 하는 거다'라는 걸 자연스럽게 배웠어요. 그걸 꾸준히 해낼 수 있게 만들어 주신 오안쌤, 정말 감사합니다.

책 출간 정말 축하드리고, 앞으로도 오안쌤만 믿고 따라가겠습니다! 라방이든 카페든 밴드든, 늘 의지하며 많이 배우고 있어요.

— 쭈자매맘(3학년 딸, 1학년 딸 엄마)

오안수학은 우리 가족에게 '공부법'이 아니라 '성장법'을 가르쳐주었습니다. 처음엔 엄마로서 수학을 가르치는 일이 두렵고 막막했지만, 오안수학의 따뜻한 철학과 체계적인 방법 덕분에 아이도 나도 한 걸음씩 자신감을 얻을 수 있었어요.

문제를 풀며 실수를 돌아보고, 생각을 정리하고, 함께 울고 웃고 토닥이던 시간들 속에서 아이는 스스로 배우는 힘을 키웠고, 엄마는 기다려주는 법을 배웠습니다.

이제 우리에게 수학은 성적을 위한 공부가 아니라 '함께 성장하는 대화'입니다. 오안수학이 만들어준 이 귀한 변화를 더 많은 가정이 경험하길 바라며, 우리 가족의 진심을 담아 이 글을 남깁니다.

― 비비빕1621(3학년, 5세 남매 엄마)

　오안수학을 시작하기 전, 아이의 실력은 딱 응용 문제까지였어요. 심화로 들어가면 어렵다고 눈물부터 보이던 아이여서, '내가 너무 아이를 고생시키나?' 하는 죄책감에 공부를 시키는 게 늘 고민이던 초3 1학기였습니다.

　그때 눈에 들어온 게 '16년생 여름학기 단체반 모집'이었어요.

　'일단 한번 해보자! 혼자 하는 게 아니라 친구들과 함께하니까 아이에게 힘이 될 거야.'

　그렇게 시작했습니다.

　처음엔 스케줄을 보고 '이게 가능할까?' 싶었는데, 아이는 매일 할 뿐만 아니라 심지어 앞서나가는 모습까지 보여주었어요. 수준에 맞는 추천 문제집으로 공부하다 보니 부족한 부분이 채워지고, 하나씩 심화 문제도 풀리면서 재미를 느끼더군요.

　2학기가 되어 학교에 가더니 "나 수학 3등 안에 들었어!" 하며 신나했고, "친구들이 낸 문제 다 맞췄다!"며 상위권이 된 기쁨을 온몸으로 표현했어요. 그 기세로 경시대회까지 도전했는데, KUT 모의고사에서 89점을 받고 마지막 30번 문제를 맞혔을 때는 정말 감격스러웠습니다.

　심화만 보면 울던 아이가 이제는 문제를 이해하고 식을 세우고 푸는 과정을 즐기는 모습을 보며, '할 수 있는 아이에게 한계를 만든 건 엄마인 나였구나….' 하는 걸 깨달았어요. 예전엔 아이가 어떤 부분이 부족한지, 얼마나 공부해야 하는지도 몰라서 남들 하는 문제집을 그저 따라 사서 시켰는데, 그게 결국 아이를 제자리걸음하게 만든 것 같아요.

지금은 문제집 4권을 하루 2~3장씩 풀어도 "하기 싫다."는 말 한마디 없이 집중해서 술술 풀어냅니다. 잘 풀리니 알아가는 재미가 생기고, 정답률도 눈에 띄게 올라갔어요.

시험을 통해 아이의 수준을 진단하고 그에 따라 문제집과 진도를 세심히 조정해 주시는 오안쌤, 정말 대단하시다는 생각이 듭니다. 오안수학을 만나서 정말 다행이에요. 감사합니다!

— wangnuny613(3학년 아들 엄마)

오안수학을 처음 알게 된 건 작년 말, 쌍둥이 지유, 지윤 남매가 1학년 겨울방학을 앞둔 때였습니다. 입학 전에는 선배맘과 지인들에게 선행이나 공교육 현실에 대한 이야기를 많이 들었지만, 그저 먼 나라 이야기처럼 느껴졌어요. 아직 학교도 안 갔는데 '공부는 학교 가서 시키면 되지.' 하는 생각으로 실컷 놀게만 했습니다.

그러다 아이들이 학교에 입학하고 '공부'라는 걸 시작했는데, 수 세기도 헷갈려하는 모습을 보고 덜컥 초조한 마음이 들었습니다. 학습을 어떻게 시작해야 할지, 어떤 로드맵으로 가야 할지 전혀 모르던 초보맘이라 '이왕 시작하는 거라면 제대로 원리를 이해하고 기초를 다져줘야겠다.'는 생각으로 아이들 입학과 동시에 육아휴직을 했습니다.

고등학교 때 수학과 멀어졌던 저는 아이들만큼은 수학 때문에 힘들지 않았으면 하는 마음이 컸어요. 제가 그랬던 것처럼 이해하지 못한 채 공식을 외워 푸는 학습은 절대 반복시키고 싶지 않았습니다. 그때부터 SNS를 찾아보고 교육 관련 책을 읽으며 '엄마 공부'를 시작했습니다.

아이에게 책을 읽어 주고, 국어 문제집과 사고력 문제집을 풀게 하고, 2학년 대비로 곱셈 구구를 외우게 하며 엄마표 학습을 이어가던 중 오안수학을 알게 되었습니다. 17년생 단체반 모집 공지를 보고 카페에 들어가 다른 어머님들의 후기를 살펴보며 오랜 망설임 끝에 첫 단체반 등록을 결심했습니다.

단체반은 레벨 테스트를 통해 선생님들이 아이의 수준에 맞는 문제집을 선정해 주고 엄마가 그에 맞춰 학습을 진행하는 시스템이기 때문에, '언제, 어떤 교재를 풀려야 하는지'조차 막막했던 저에게는 '문제집 선정에 대한 고민이 필요 없다!'는 점이 큰 매력으로 다가왔습니다.

하지만 단체반을 진행하면서 매일이 시험대에 오른 것 같았습니다. "공부할 땐 화내면 안 된다.", "옆집 아이 가르친다 생각해라!" 같은 이상적인 조언을 알면서도 현실은 고난과 시련의 연속이었죠.

1학년 내내 재미있는 문제집 한두 권만 풀던 아이들이 갑자기 매일 수학 문제집 3~4권을 풀어야 하니 힘들어했고, 난이도도 확 올라가서 울고 징징대기 일쑤였습니다. 저는 화내고 짜증내고…. 매일이 전쟁 같았어요.

'이게 맞는 걸까? 아직 너무 어린데 너무 과하게 시키는 건 아닐까? 이러다 공부 정서까지 망가지면 어쩌지….'

그런 고민이 하루이틀이 아니었고, 잠자리마다 "엄마가 부족해서 자꾸 화내서 미안해." 하며 사과하는 날이 쌓여갔습니다. "엄마랑 하면 혼만 나니까, 학원 가서 선생님이랑 공부할래?" 물으면 그래도 "엄마랑 할래." 하던 아이들을 보며 마음을 다잡았습니다.

그렇게 여차저차 두 학기를 완주하고 세 번째 학기를 눈물겹게 이어오는 동안, 아이들은 제가 생각한 것보다 훨씬 크게 성장했습니다. '이 정도면 어렵겠다.' 싶은 문제도 척척 풀어내고, 학교 공부가 쉬워지니 자신감도 붙었어요. "나 생각 잘하지?" 하며 웃는 날도 있답니다(물론, 아직 눈물 바람 나는 날도 있죠).

엄마로서는 엄마표를 하며 아이가 무엇을 어려워하는지, 어디가 약한지를 바로 파악해 그때그때 채워 줄 수 있었고, 아이를 믿는 마음도 한층 단단해졌습니다. 내년에 복직하면 어떻게 될지 아직 모르겠지만, 바람이 있다면 아이들이 초등학교를 졸업할 때까지 꾸준히 오안수학으로 내실을 다지며 성장하는 것입니다. 할 수 있는 데까지 계속 가보려 합니다.

뼈 때리는 조언을 아끼지 않는 오안쌤과 늘 따뜻하게 지도해 주시는 선생님들 덕분에 지금의 저와 아이들이 있다고 생각합니다. 오안수학을 만나 정말 다행이에요. 진심으로 감사합니다.

- 푸른라일락남매둥이17(2학년 쌍둥이 남매 엄마)

프롤로그

지긋지긋한 수포자, 아이에게 대물림하고 싶지 않아요!

우리집의 수학 공부의 목표가 있나요?

아이와 수학 공부를 잘하고 싶은 부모님들은 많습니다. 하지만 뚜렷한 목표를 가진 부모님은 찾기 어렵습니다. 몇 가지 이유가 있을 것이라 추측합니다. 어떤 경우에는 우리 아이의 깜냥보다 높은 목표를 가지고 있다는 사실을 들키고 싶지 않은 경우도 있을 것입니다. 그러나 대부분은 정말 막연하게 '잘했으면 좋겠어!'라고만 생각하는 경우가 많았습니다.

막연히 '잘했으면 좋겠다'는 그 목표는 좋은 목표라고 보기는 어렵다고 생각합니다. '잘한다'라는 말은 매우 추상적이기 때문입니다. 또한 '잘했으면 좋겠다'는 바람이 비단 수학에만 있을까요? 모든 과목에 해당할 것입니다. 저는 여기서 질문 하나를 드리겠습니다. 여러분에게 '잘한다'라는 말의 의미는 무엇입니까?

자, 질문을 바꿔 보겠습니다. 수학 공부를 잘하는 것은 어떤 의미입니까?

우리 실생활에서 수학은 떼려야 뗄 수 없는 부분입니다. 영어와 국어는 생활에서 자주 쓴다고 생각하시지만, 수학은 생활에서 사용하지 않는다고 생각하는 경우가 더 많습니다. 특히 수학은 오로지 학교 점수로만 '잘한다', '못한다'를 판단하고, 그 이면은 보지 않으려 하는 경우도 많은 것 같습니다.

네, 어쩌면 그 어떤 학문보다 점수로 지표를 주기에 좋은 과목인 것은 맞습니다. 그래서 수학 점수가 높으면 '수학을 잘한다', 아니면 '못한다'라고 칼같이 평가합니다. 그러나 점수로만 평가한다면, 수학이 가진 가치를 무시하게 되는 것은 아닐까 염려스럽기도 합니다.

수학은 어렵다는 인식 때문에 많은 아이들이 두려워하고, 학부모로서도 어떻게 지도해야 할지 고민되는 과목이라는 점은 잘 알고 있습니다. 그렇기에 저는 더 뚜렷한 목표를 가져야 한다고 생각합니다.

거창한 목표가 필요하지 않습니다. 적어도 아이와 공부를 시작할 때, 이런 도달 가능한 목표를 잡고 시작하시기를 바랍니다.

언제까지 이 문제집을 끝내자!
하루에 수학은 꼭 2장은 풀자!
학교 단원평가는 항상 90점 이상 맞기 위해 공부하자!

그럼 아이도 하나하나 도장 깨듯 목표를 이루는 데 보람을 느끼게 될 것이고, 함께하는 부모님들도 아이의 성장을 눈으로 지켜보는 즐거움이 있을 것입니다. 수학 공부의 목표는 수학을 시작하고자 한다면 반드시 필요한 일입니다. 조금 더 디테일하고 도달 가능한 수학 목표를 잡아 봅시다.

너무 막연한 학부모님들을 위해, 한 번도 수학 목표를 설정해 본 적이 없다면 다음 예시를 드리겠습니다. 아이와 함께 쉬운 것부터 한번 도전해 보면 어떨까요?

수학 목표 설정하기

초보자용

- ☑ 이번 주 금요일까지 매일 수학 문제집 2장씩 풀기
- ☑ 연산 1장, 교과문제집 1장씩 매일 풀기 (금,토 빼고)
- ☑ 얇은 문제집 1권 3주 만에 끝내 보기!
- ☑ 학교 단원평가 80점 넘기

중급자용

- ☑ 하루에 문제집 4장씩 풀기
- ☑ 문제집 종류별로 1장씩 매일 풀기 (금,토 빼고)
- ☑ 교과문제집 스케줄대로 완북해 보기
- ☑ 학교 단원평가 90점 넘기
- ☑ 학교 단원평가 100점 맞아 보기

고급자용

- ☑ 하루에 수학문제집 3권 매일 꾸준히 보기
- ☑ 학교 단원평가 100점 3번이상 맞아 보기
- ☑ 수학 학력평가에서 상 받아 보기
- ☑ 수학 경시대회 나가서 수상해 보기
- ☑ 수학 영재원 합격하기

우리집 수학 공부의 방해꾼들

아이와 공부를 하려고 준비를 시작하면, 내 주변에 이렇게 교육 전문가가 많았나 싶을 만큼 방해꾼들이 나타납니다. 가장 가까이는 남편이 존재하겠고, 가깝지만 먼 타인 중에는 '지인'이 존재합니다.

엄마표를 하게 되면 이 중에 하나쯤은 다들 들어보셨을 거라고 생각합니다.

"나는 아이랑 사이 멀어질까 봐 안 해!"

"아이랑 같이 공부하면 사이 멀어져!"

"그렇게 공부 시켜서 서울대 보내게?"

그들은 엄마표를 하는 사람들을 이분법적인 잣대로 평가합니다. 멘탈이 좀 강한 학부모님이라면 그러든가 말든가 하시겠지만, 주변의 시선에 신경 쓰는 분들이라면 사실 처음에는 괜찮다고 했다가도 한참을 고민하게 만드는 말이기도 합니다.

자, 제가 강의 때 여쭤 보는 질문이 있습니다. 책을 읽으시는 여러분도 한번 생각해 보면 좋을 것 같습니다.

Q. 우리 아이가 공부를 잘하면 가장 좋아하는 사람은 누구일까요?
Q. 우리 아이가 공부를 못하면 가장 기뻐하는 사람은 누구일까요?
Q. 마지막으로 우리 아이를 가장 걱정하는 사람은 누구일까요?

우리 아이가 공부를 잘하면 가장 좋아하는 사람은 다들 부모님이라 생각할 수도 있겠지만, 의외로 아이들 본인입니다. 아이들은 누구보다 공부를 잘하고 싶어 하고, 누구보다 인정받고 싶어 합니다.

그리고 아이가 공부를 못하면 가장 기뻐하는 사람은 누구일까요? 사실 우리와 우리 아이를 제외한 대부분의 사람들일지도 모릅니다. 다르게 표현하자면 아예 관심조차 없을 수도 있고, 위로해 주는 척하지만 속으로는 기뻐할 수도 있습니다. 제가 이렇게 솔직하다 못해 기분 나쁠 법한 이야기를 꺼내는 이유는, 아이들보다도 부모님들이 남의 시선에 더 많은 신경을 쓰기 때문입니다.

다시 말해 우리 아이와 공부하는 데 가장 큰 방해꾼은 알고 보면, 남의 시선에 신경 쓰느라 정작 아이를 방치하는 우리 엄마들일지도 모른다는 이야기입니다. 아이를 가장 걱정하는 사람 또한 엄마지만, 아이를 가장 흔들어 놓는 사람 또한 엄마입니다.

그래서 우리는 누구보다도 더 뚝심 있게 교육을 해야 하고, 시작하기 전에는 그 가치관을 먼저 확립해야 합니다. 그저 유행에 휩쓸리듯 급하게 학원을 보냈다가, '누가 집에서 하니 잘되었다.'는 말에 손바닥 뒤집듯 집 공부를 하는 것들이 결국 아이를 흔들리게 만든다는 것입니다.

어떤 길을 정했다면 흔들리지 마세요. 학원을 보내는 것이 나쁜 것이 아니고, 집에서 공부하는 것만이 옳은 길이 아닙니다. 그저 우리는 공부를 잘하고 싶은 우리 아이를 돕기 위한 존재입니다. 걱정하는 마음을 담아 오래 고민하고 결정했다면 후회하지 말고 1년이고 2년이고 해 봅시다. 교육의 결과는 3개월 만에 나오는 것이 아니라 최소 1년 이상은 지속해야 이 방법이 맞는지 아닌지 알 수 있습니다.

여러분은 어떤 교육 철학을 가지고 이 책을 읽고 계십니까?

수포자 엄마는 수학을 가르칠 수 없는가?

"선생님, 저는 수포자여서요. 제가 엄마표를 할 수 있을까요?"

정말 제가 많이 듣는 말입니다. 그때마다 제가 하는 대답은 참으로 심플합니다.

"엄마가 수포자여도 더 잘할 수 있습니다!"

여러분은 혹시 '지식의 저주'라는 말을 아시나요? 일단 무언가를 알고 나면, 알지 못한다는 것이 어떤 느낌인지 상상할 수 없게 되는데, 이것을 바로 '지식의 저주'라고 합니다. 수학을 이미 많이 배운 부모님, 공대 박사까지 해서 수학에 최고봉인 사람들은 의외로 유아와 초등 친구들을 가르치는 데 답답함을 느끼기 마련입니다. 아이들이 왜 모르는지를 이해할 수 없으니까요!

하지만 수포자인 어머님들은 본인이 왜 수학을 싫어했는지, 왜 거기서 수학을 포기하게 되었는지 잘 압니다. 그러다 보니 아이가 잘 모른다고 말했을 때 충분한 공감과 이해가 가능한 것이지요. 어차피 우리는 아이를 잘 가르칠 수는 없습니다. 우리는 선생님이 아니니까요. 공부를 잘하는 사람이 잘 가르치는 것이 아니라, 아이들 눈높이에 맞춰 잘 설명해 주는 것이 좋은 선생님이라고 생각한다면, 수포자인 것이 중요한 것이 아니라 '이 아이 눈높이에서 설명이 가능한지'가 중요한 것이지요.

솔직히 고등 과정까지 엄마표로 할 수 있다고는 못합니다. 하지만 중등 과정까지는 엄마도 같이 공부한다면 충분히 아이들을 이해시키고 가르쳐 줄 수 있습니다. 또한 요즘 문제집에는 기본 개념 강의가 QR로 탑재된 경우가 많고, 문제마다 설명을 해 놓은 문제집도 있습니다. 초등 시절부터 인터넷 강의는 넘쳐나고 있고, 문제도 원하면 얼마든지 구할 수 있습니다.

이런 상황에서 막연히 '나는 수포자였기 때문에 엄마표를 못한다.'는 것은 말이 안 된다고 생각합니다. 역으로 아이가 "나는 원래 공부를 못하니까 공부를 안 할래."라고 말한다면, 어떤 답을 해 주시겠습니까? 아마 아이에게 용기를 북돋아 주는 얘기를 해 주게 되지 않을까 싶습니다.

오안수학 정규반에서 저와 오랫동안 공부한 어머님들 대부분은 수포자였습니다. 그들은 먼저 문제를 풀어 보는 일에 주저함이 없었고, 모르겠으면 스스로 찾아보고 배우셨습니다. 본인이 먼저 공부하고 나면 아이 설명해 주는 일이 해 볼 만했다고 말씀해 주실 때 저는 희망을 봤습니다.

의지만 있다면 누구나 공부할 수 있도록 마련된 이 세상 속에서, 단지 내가 수포자였다고 포기하기에는 우리 아이는 아직 너무 어립니다. 수포자 엄마는 누구보다 잘 해낼 수 있고, 수포자였기에 어려움을 공감해 줄 수 있습니다. 또한 아이와 처음부터 한 스텝 한 스텝 같이 나가다 보면 우리 아이가 무엇을 어려워하는지, 바로 파악할 수 있습니다. 더불어 단순히 X, Y를 꺼내 설명하는 것이 아니라 아이의 마음과 수준을 진심으로 이해한 엄마만이 해 줄 수 있는 설명이 있습니다.

그러니 용기를 내 보세요. 할 수 있습니다! 수포자의 설명이 아이에게는 더 친절할 수 있음을 잊지 마세요.

최고의 수학 공부법은 부모의 기다림

부모가 되어 아이의 공부를 지켜보는 일은 때로는 놀랍고, 때로는 답답하며, 때로는 안타깝습니다. 매일 아이를 응원하며 지켜보지만, 예상치 못한 모습에 고민이 생기기도 합니다.

"어려운 문제는 척척 맞추는데, 왜 쉬운 문제에서 실수할까?"

"집에서는 잘했는데, 왜 학교만 가면 실력이 나오지 않을까?"

"분명히 열심히 공부했는데, 단원평가에서 100점 받기가 이렇게 힘든 걸까?"

"시험을 보면 스트레스만 쌓인다는데 꼭 시험을 봐야 할까?"

이런 물음표들이 쌓이면 부모는 아이의 학습 과정과 심리에 대해 깊은 혼란을 느낄 수 있습니다. 혹시 내 방식이 잘못된 건 아닌지, 아이가 공부를 힘들게 하는 것이 내 탓은 아닌지 하는 자책으로 이어지기도 하지요.

그러나 이 모든 상황은 아이가 성장하는 과정에서 자연스럽게 일어날 수 있는 모습입니다. 아이들은 아직 자신의 실력과 감정을 온전히 조율하는 법을 배우지 못했습니다. 학습도 단순히 결과가 아니라 그 과정 자체로 봐야 하는데, 부모님도 아이의 성적을 그렇게 보는 법을 배우지 못한 경우가 많습니다.

이 책에서는 아이의 학습 과정에서 흔히 겪는 고민과 부모의 역할을 함께 생각해 보고, 단순한 성적이나 결과보다 아이의 성장과 잠재력에 집중하는 방법을 나누려고 합니다. 이러한 고민들은 혼자만의 문제가 아니며, 작은 변화로도 아이의 학습 경험을 더욱 긍정적으로 이끌 수 있습니다. 부모님과 아이가 함께 웃으며 공부하는 길을 찾아보며, 서로의 마음이 더 따뜻해지길 바랍니다.

차례

수학 구원자 오안수학! 엄마들의 폭발적인 후기   4

프롤로그
지긋지긋한 수포자, 아이에게 대물림하고 싶지 않아요!   16

PART 1
초등 수학 학년별 특징 이해하기

요즘 초등 수학, 무엇이 다른가?	32
학년별 문제 난이도 분석	40
3학년 이후라면 사고력보다 심화서!	47
수학 격차, 분수부터 잡아라	50

PART 2
엄마가 미리 알아야 할 학년별 교육 과정

1학년 단원 로드맵	56
2학년 단원 로드맵	63
3학년 단원 로드맵	74
4학년 단원 로드맵	90
5학년 단원 로드맵	102
6학년 단원 로드맵	113

PART 3
아이 스스로 끝까지 풀게 하는 실전 공부법

구구단 외우기	128
도형 정의 외우기	133
계산 순서 외우기	136
필기 공부, 어떻게 해야 좋을까?	140
초등 서술형, 어디까지 해야 할까?	145

숫자 구별이 힘든 악필 우리 아이, 어쩌나요?	**150**
계산 능력 키우기	**154**
적절한 난이도와 도전 과정 제공하기	**164**
중학교 때는 나오지 않는 개념들	**172**
매일 수학 공부, 계획표 짜기	**176**
수학 자신감 올려주는 시험 리스트	**182**
아이에게 힘이 되는 엄마의 연기	**185**

PART 4
답답한 엄마 마음 뻥 뚫어 주는 오안쌤 Q&A

수학 선행, 꼭 해야 될까요?	**192**
공부 보상, 어떻게 해 주면 좋을까요?	**194**
오답을 줄이는 올바른 연습장 사용법	**198**
오답 노트, 초등학생에게 꼭 필요할까?	**203**
아이가 문제를 똑바로 읽지 않아요	**208**
아이가 잘 이해하고 있는지 모르겠어요	**213**
힌트는 어디까지 줘야 될까요?	**217**

문제 이해력이 부족할 때 필요한 문제집 큐레이션	**220**
조금만 어려우면 울어요!	**224**
어려운 문제는 맞히는데 쉬운 문제만 틀려요	**227**
열심히 공부하는데 시험에는 약한 아이	**231**
시험만 보면 스트레스라는데 꼭 봐야 해요?	**235**
교구를 꼭 사야 할까요?	**239**
수학 공부, 아이가 질리면 어떻게 해요?	**243**
매일매일 공부 습관의 위대한 힘	**246**

에필로그
엄마도 아이도 행복한 수학 공부의 비밀   **250**

PART 1

초등 수학 학년별 특징 이해하기

요즘 초등 수학, 무엇이 다른가?

　요즘 초등 수학이 많이 달라졌다고들 합니다. 그런데 고등학교 졸업한 지 20년이 훌쩍 넘은 우리는 그게 정확히 무엇이 달라진 건지 잘 모를 때가 많습니다. 어떤 부분은 우리 때는 배우지 않았던 것 같기도 하고, 또 어떤 부분은 우리 때보다 더 배웠던 것 같기도 합니다. 그렇다면 요즘 초등 수학은 과연 어떻게 달라지고 있는 걸까요? 이번 챕터에서는 초등 수학 공부법에서 꼭 기억하고 파악해야 할 핵심 포인트를 소개합니다.

초등 수학에만 있고, 중고등 수학에는 없는 것!

초등학교에 보내기 전부터 많은 부모님들은 수학 학원에 관심을 갖게 됩니다. 정말 세상에 이렇게나 많은 수학 학원이 있는지, 아이가 어릴 때는 모르셨을 겁니다. 연산을 전문으로 하는 학원, 교구 중심으로 배우는 학원, 사고력을 집중적으로 키우는 학원, 심화 학원까지 세포 분열하듯 계속 생겨나고 있습니다. 아이 친구 중 한 명이라도 다니고 있다면, 우리 아이만 안 보내서 뒤처질까 걱정하기 마련입니다. 몇 살부터 보내야 할지 고민되는 것도 당연하겠죠?

그런데 재미있는 사실이 있습니다. 이 많은 학원들이 중학교에 가면 대부분 내신 전문 학원으로 수렴된다는 것입니다. 물론 '영과고(영재고, 과학고의 줄임말)'를 준비하는 친구들이 다니는 학원도 있긴 합니다만, 보통 아이들은 내신 전문 수학 학원으로 가게 됩니다. 참 재미있는 사실이죠?

수학 공부 도구도 마찬가지입니다. 초등 시절에는 사고력 문제집, 연산, 도형, 서술형 등 다양한 문제집이 있지만, 중학교에서는 기본서, 유형 응용서, 심화서 정도로 단순해집니다. 내신 점수가 중요해지는 시기가 왔다고 보기 때문입니다.

이런 이유로 중학교에서는 아이가 초등학교 때만큼 세분화된 수학을 배우고 연습할 수가 없습니다. 중학교는 결국 '좋은 점수, 성과를 내기 위해 공부하는 시기'이기 때문입니다. 따라서 초등 시기에는 반드시 초등 수학에만 있는 세분화된 학습을 숙지해두어야 하고, 부족한 부분이 있다면 미리 채워주는 것이 중고등 학습을 위해 반드시 필요합니다.

아이에게 부족한 능력이 보인다면, 초등 때 사교육을 제대로 활용하는 것도 추천합니다. 각 능력에 맞게 활용할 수 있는 학원을 소개합니다.

연산이 부족한 아이라면?

연산 전문 학원을 이용	다함, 다비수 등
연산 전문 학습지 이용	재능, 눈높이, 구몬 등
연산 전문 학습지 이용	원리셈, 소마셈, 기적의 계산법 등

사고력 및 교구 활동이 부족한 아이라면?

사고력 학원을 이용	와이즈만, 소마, 필즈 등
교구 구매 후 집에서 방문 학습 이용	몬테소리, 초등가베 등
사고력 문제집 이용	팩토, 1031, 필즈 등

심화가 부족한 아이라면?

심화 전용 학원 이용	황소, 심화 수학 전문 학원 등
심화서 온라인 수업 학습기 이용	엘리하이 등
심화 문제집 사용	최고수준, 최상위, 왕수학최상위 등

수학 공부는 재밌게 해야 한다고?

"선생님, 우리 아이가 수학을 재밌게 배웠으면 좋겠어요!"

이 말, 정말 많이 듣습니다. 그런데 저는 그럴 때마다 단호하게 말합니다. 수학은 '그냥 하는' 겁니다. '재밌게'라니요. 그런데 그 '재밌게'라는 말이 얼마나 많은 걸 힘들게 하는지 모릅니다. 수학 공부를 매번 웃으면서 즐겁게만 공부할 수 있을까요? 때로는 끙끙거리며 문제를 풀어야 할 때도 있고, 눈물 나게 화가 나는 날도 있습니다.

그런데도 '재밌게'에 집착하면 어떻게 될까요? 현실에서 수학 때문에 힘들어 하는 아이의 모습을 보며 부모님은 죄책감을 느끼기 시작합니다. '내가 우리 아이에게 고통을 준 건 아닐까?', '괜한 욕심에 아이를 잡고 있는 건 아닐까?' 하면서 말입니다. 그리고 수학을 재미없어 해서 '수포자'가 된다고 걱정합니다.

적당한 시련은 사람을 성장시킵니다. 너무 어린 나이에 어려움을 겪는 건 좋지 않을지라도, 그 기준이 집집마다 다를 수 있다는 점도 생각해 봐야 합니다. 저는 수학이 언제나 즐겁다고 생각하지 않습니다. 또 언제나 재밌게 배울 수 있다고도 믿지 않습니다. 재미없는 과목이라고 하기도 어렵지만, 가장 중요한 것은 '언제나 즐겁고 재미있게 배워야 한다고 생각하지 않는다.'는 점입니다.

오히려 늘 하하호호하며 쉬운 것만 하던 아이들이 중·고등학교에 가서 수학을 포기하는 경우를 더 많이 봤습니다. 힘들면 힘든 대로, 짜증 나면 짜증 나는 대로, 어려운 대로 꾸준히 매일 해내는 아이들이 수학을 포기하지 않고 끝까지 해내는 걸 보면, 수학은 재밌게 배우는 과목이 아니라 '그냥 하는' 과목이라는 걸 알 수 있습니다. 공부를 재밌게 배우는 것은 우리가 아이들에게 줄 수 있는 영역이 아닙니다. 학창 시절은 하고 싶은 것만 해도 되는 시절은 아니까요.

저는 12년 교육 과정이, 하기 싫은 것도 해야 하면서 견디는 인내심과 열심히 공부해 얻는 성취감 등 공부를 통해 인생 전반의 태도를 길러 가는 시간이라 생각합니다. 그래서 수학은 재미있어서 잘하는 것이 아니라, 잘하게 되면서 재미있어지는 과목입니다. 다시 정리해 봅시다.

수학은 감정이 아니라 습관이다

수학은 감정적 접근보다 습관적으로 꾸준히 하는 게 중요합니다. 매일 10분이라도 수학 문제를 풀다 보면 아이도 모르는 사이에 실력이 쌓이고, 작은 성취감이 자신감을 키워 더 도전하고 싶은 마음을 만듭니다. 꾸준함이 재미로 이어지는 선순환을 만드는 거죠.

재미는 결과물이다

수학의 재미는 시작점이 아니라 결과물입니다. 처음에는 숫자와 문제 풀이가 지루할 수 있지만, 작은 문제 하나를 해결하면서 '나도 할 수 있구나!' 하는 성취감을 느껴야 비로소 수학이 재미있어지는 겁니다.

예를 들어, 아이가 구구단을 외울 때 힘들어하지만, 외운 구구단을 활용해 문제를 풀 수 있게 되면 그 뿌듯함이 더 큰 도전으로 이끌어 줍니다. 그 힘들었던 시간과 과정을 견뎌내며 풀어 가는 수학 문제들은 아이가 스스로를 인정하게 만듭니다. 울고 웃으며 쌓아가는 작은 노력이 아이로 하여금 수학에서 성취감을 느끼게 하고, 결국 수학을 즐길 수 있는 경지까지 가게 만드는 겁니다. 수학은 꾸준함으로 시작해 실력으로 성장하고 재미로 완성된다는 점을 기억해 주시기 바랍니다.

엄청나게 빠른 선행, 과연 좋을까?

요즘 많은 부모님들이 아이들의 수학 선행에 대해 이야기합니다. 초등학생이 중학교 과정을 배우고, 중학생이 고등학생 문제를 푸는 모습을 넘어, 심지어 초등학생이 고등학생 과정을 공부한다는 이야기도 들려오니 말입니다. 부모 입장에서는 우리 아이가 뒤처질까 걱정과 불안이 생기는 게 당연합니다. 그런데 저는 한 가지 질문을 드리고 싶습니다.

"선행이 정말 아이를 위한 걸까요? 아니면 부모가 안심하기 위한 것은 아닐까요?"

선행 학습이 나쁘다는 뜻은 아닙니다. 문제는 '속도'에만 맞춰졌을 때 생깁니다. 지나치게 빠른 선행은 아이에게 피로감을 줄 수 있습니다. 또 배운 내용을 충분히 소화하지 못한 상황에서 다음 단계로 넘어가면 학습에 구멍이 생기고 기초가 흔들릴 수밖에 없습니다. 수학은 단순히 문제만 푸는 과목이 아닙니다. 사고력을 기르는 학문입니다. 속도만 빠르고 이해가 부족하면, 결국 아이는 "왜?"라는 질문을 잃어버리고 말죠.

선행보다 중요한 건 '자기만의 학습 속도 찾기'라고 생각합니다. 우리 몸에 맞는 생체 리듬, '바이오 리듬'이 있듯이 아이도 자신만의 수학 리듬을 찾아가며 공부해야 하는데, 엄마가 세운 수학 리듬에 맞춰 끌려 가는 건 아닌지요? 중요한 건 '얼마나 기억하고, 얼마나 이해하고, 얼마나 응용할 수 있느냐'입니다.

아이들이 자신만의 속도로 학습하는 과정 중에는 때로는 반복해서 지루함을 이겨내는 연습도 하고, 사력을 다해 공부한 뒤 성취감을 느끼기도 합니다. '나는 어떻게 공부해야 잘 기억하는지', '어떻게 공부하면 더 재미있는지'를 찾아가면서 초등 과정의 핵심을 익히는 것이 중요합니다. 선행만 쫓다 보면 단기적으로는 성과처럼 보일 수 있지만 장기적으로는 독이 될 수 있다고 생각합니다.

자기 속도에 맞춰 학습한 아이들의 힘은 초등 과정에서만 빛나는 것이 아니라, 중·고등 수학을 만날 때 비로소 빛납니다. 어려운 문제 앞에서 끙끙대며 해결하려 애쓰는 아이를 보며 엄마는 답답할 수도 있지만, 그런 시간이 쌓여 인생의 문제도 풀어낼 수 있다는 자기 효능감이 생긴다고 믿습니다. 이 능력은 시험을 넘어 삶 전체에 걸쳐 큰 자산이 될 겁니다.

아이의 학습 속도를 존중하고 꾸준히 공부하면, 어느 순간 선행을 하고 있는 우리 아이 모습을 발견하게 될 것입니다. 우리 아이들은 각자 자신만의 속도로 성장할 준비가 되어 있습니다. 남과 비교하는 속도가 아니라 자기 리듬으로 꾸준히 공부하다 보면, 어느새 아이는 선행보다 훨씬 더 멀리 나가 있는 자신을 발견하게 됩니다.

부모가 해야 할 일은 선행을 강요하는 게 아니라, 아이가 지금 배우는 걸 충분히 소화하고 스스로 탐구할 수 있게 응원해 주는 것입니다. 이것이 진정한 배움입니다. 하루 한 장의 힘이 얼마나 대단한지 저는 너무 많이 봐왔습니다.

"나만의 속도로 꾸준히 성장하는 수학!"

이것이 진정한 선행이 아닐까 생각해 봅니다.

학년별 문제난이도 분석

초등학교 1학년 수학은 정말 쉽습니다. 단순한 덧셈과 뺄셈, 숫자 쓰기 같은 활동이 대부분이라 아이도 부모도 부담 없이 지나갈 수 있습니다. 2학년 수학도 약간 지루할 수는 있지만, 그래도 여전히 해볼 만한 수준입니다. 익숙한 연산 위주로 구성되어 있고, 아이도 부모도 곱셈 구구만 잘 넘긴다면 "아직 괜찮다."는 여유가 있는 시기라고 볼 수 있습니다.

하지만 3학년이 되면 상황이 조금씩 달라집니다. 처음 보는 수들이 등장하고, 나눗셈 개념이 본격적으로 다뤄지고 새로운 수 '분수'도 만나게 됩니다. 이 지점에서 아이들은 수학이 생각보다 어렵다는 인상을 받기 시작합니다.

또한 사칙연산까지 마무리되면서 문제집 난이도도 눈에 띄게 올라갑니다. 심화서라 불리는 교재들, 특히 많은 아이가 접하는 디딤돌 출판사의 《최상위 수학》 하이레벨 부분만 봐도 1, 2학년 때와는 문제 수도 늘고 난이도도 훨씬 높아졌다는 걸 알 수 있습니다.

엄마표로 아이 수학을 지도하는 경우, 특히 3학년이 되면 부모님들 사이에서 하소연이 가장 많아지는 걸 자주 듣습니다. 전에는 "수학이 뭐가 어렵겠어요?", "이걸 누가 못하겠어요?"라며 여유 있는 분들도 3학년이 되면 "이제 학원을 보내야 할까요?", "왜 미리 준비하지 못했을까요?" 하고 고민을 털어 놓으시곤 합니다.

대체 3학년 이후 수학은 무엇이 그렇게 다를까요? 어떤 변화가 아이에게 '수학의 벽'을 느끼게 만드는 걸까요? 이제 그 변화의 실체를 하나씩 살펴보겠습니다.

3학년 이전과 이후, 《최상위 수학》 문제 비교

초등 1~2학년 수학은 비교적 간단한 구조입니다. 문제도 짧고 명확하며 대체로 '단순 계산' 위주여서, 암산으로도 충분할 정도입니다. 오히려 식을 쓰는 게 더 어렵다고 느낄 수 있습니다.

《최상위 수학》 문제집을 보면, 1, 2학년 때 하이레벨 문제는 많아야 3문제, 보통은 2문제로 구성됩니다. 그런데 3학년 1학기부터는 갑자기 8문제로 늘어납니다.

 이런 변화는 3학년 이후가 되면 문제를 출제하는 입장에서도 할 수 있는 것이 많아진다는 의미입니다. 사칙 연산이 가능하고 아이들의 문해력도 훨씬 좋아졌다고 가정하면, 훨씬 다양한 문제 풀이가 가능해지는 것입니다.

 오른쪽에 1학년과 3학년의 《최상위 수학》 문제집의 하이레벨 문제들을 비교해 두었습니다. 문제 형식만 보아도 확연하게 차이가 느껴집니다. 각 학년별 수학 문제 구조를 미리 파악해 두면 학습 방향을 세울 때 훨씬 체계적으로 접근할 수 있습니다.

1학년과 3학년의 최상위 수학 문제 비교

초등 1학년 1학기 《최상위 수학》(디딤돌 출판)
3단원 덧셈과 뺄셈 하이레벨 문제

문제 예시

1. 빈칸에 1부터 5까지의 수를 한 번씩 써넣어 하나의 동그라미 안에 있는 수의 합이 각각 7이 되도록 하세요.

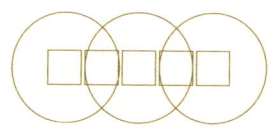

2. 주머니 속에 빨간 구슬, 파란 구슬, 노란 구슬이 들어 있습니다. 빨간 구슬과 파란 구슬은 6개이고, 파란 구슬과 노란 구슬은 7개입니다. 빨간 구슬, 파란 구슬, 노란 구슬이 모두 9개일 때 빨간 구슬과 노란 구슬은 몇 개일까요?

(   )

초등 3학년 1학기 〈최상위 수학〉(디딤돌 출판)
1단원 덧셈과 뺄셈 하이레벨 문제

문제 예시

1. 수 카드 0, 2, 4, 7, 8, 9 를 한 번씩 모두 사용하여 세 자릿수 2개를 만들려고 합니다. 만든 세 자릿수 2개의 차가 가장 작을 때, 그 차는 얼마일까요?

(   )

2. 은종이는 은행에서 대기 번호표를 한 장 뽑았습니다. 은종이의 번호는 세 자릿수 ㉠㉡㉢이고, 이 수의 백의 자리 숫자와 일의 자리 숫자의 차는 십의 자리 숫자와 같습니다. 은종이의 번호와 나중에 온 지우의 번호를 비교해 보았더니 지우의 번호는 ㉢㉡㉠이고 두 번호의 합은 721이었습니다. 지우의 번호를 수로 써 보세요.

(   )

학년별 문제 난이도 변화

대부분의 아이들이 이렇게 어려운 문제만 풀며 지내는 것은 아닙니다. 그래서 이번에는 조금 더 쉬운, 익힘책 수준의 문제들을 중심으로 학년별 변화를 살펴보도록 하겠습니다.

오른쪽 표에 정리한 문제를 하나씩 살펴보면, 수학이 점점 어려워지는 과정이 꽤 논리적이라는 것을 알 수 있습니다. 초등학교 1학년은 말 그대로 숫자와 친해지는 시기입니다. 다루는 수의 범위도 작고, 연산도 단순합니다. 게다가 1학기에는 한글 사용을 지양하기 위해 문제에 한글도 거의 줄였습니다. 단순히 연산만 공부했던 아이들도 10 이내의 수로 덧셈과 뺄셈을 익히고, 숫자 쓰기와 도식화, 수 개념을 기본으로 다루는 데 큰 문제가 없습니다. 직관적 계산이 주를 이루기 때문에 기호만 제대로 알면 문제를 어려워하는 아이들은 거의 없습니다.

하지만 2학년 1학기만 되면 받아올림과 받아내림이 자유자재가 되어야 하고, 계산 범위도 두 자릿수로 넓어집니다. 2학기에는 네 자릿수까지 배우고 난 뒤 난이도도 조금 심화됩니다.

3학년이 되면 사칙연산의 마지막 퍼즐인 나눗셈이 등장합니다. 이는 덧셈, 뺄셈, 곱셈, 나눗셈을 모두 활용할 준비가 되었다는 뜻이기도 합니다. 이 시기부터는 한 번의 식으로 문제를 해결하기보다는 식이 더 복잡해지고, 계산도 여러 단계를 거쳐야 하는 문제가

1~6학년 문제 난이도 변화표

학년	단원명	예시 문제
1학년 1학기	3단원 덧셈과 뺄셈	**문제 예시** 3+7=□
2학년 1학기	3단원 덧셈과 뺄셈	**문제 예시** 지안이는 색종이를 37장 가지고 있었습니다. 그 중 도희에게 12장을 주고, 준호에게 14장을 받았습니다. 지금 지안이가 가지고 있는 색종이는 몇 장인지 구하시오.
3학년 1학기	1단원 덧셈과 뺄셈	**문제 예시** 수 카드 8, 4, 7, 1 중에서 3장을 골라 한 번씩만 사용하여 세 자릿수를 만들려고 합니다. 만들 수 있는 가장 큰 수와 가장 작은 수의 합을 구하시오.
4학년 1학기	3단원 곱셈과 나눗셈	**문제 예시** 콩을 다람쥐 마을은 16일 동안 매일 272kg 수확했고, 토끼 마을은 21일 동안 매일 356kg 수확했습니다. 수확한 콩이 더 많은 마을은 어느 마을일까요?
5학년 1학기	5단원 분수의 덧셈과 뺄셈	**문제 예시** 지안이네 반 친구들이 우유 $7\frac{4}{9}$L 중에서 $3\frac{2}{6}$L를 마셨습니다. 그러자 선생님이 우유를 $2\frac{1}{3}$L 더 가져다주셨습니다. 가지고 있는 우유의 양은 몇 L일까요?
6학년 2학기	1단원 분수의 나눗셈	**문제 예시** 길이가 6m인 리본을 $\frac{2}{7}$m씩 잘라 선물을 포장하려고 합니다. 포장할 수 있는 선물은 몇 개일까요?

1장 초등 수학 학년별 특징 이해하기

나오기 시작합니다.

4학년이 되면 수의 범위가 급격히 넓어져 '억'과 '조' 단위까지 다룹니다. '백만, 천만, 억' 같은 큰 단위가 등장하면 아이들은 숫자를 단순히 '크다'고 느끼는 것을 넘어, 자릿수와 단위 변화에 대해서도 함께 이해해야 합니다.

수의 범위가 넓어지고 연산이 완성되면서 문제의 종류도 다양해지고 난이도도 함께 오릅니다. 이렇게 아이가 수학을 점점 더 어렵게 느끼는 것은 당연한 일입니다. 아이들이 수학을 힘들어 하는 이유는 단순히 잘 못해서가 아니라, 전혀 다른 수준의 문제와 마주하게 되었기 때문입니다. 수가 커지고 계산이 길어지며 문제의 조건과 사고 과정이 훨씬 복잡해졌기 때문입니다.

이렇게 아이들의 수학 공부는 1학년 때 매우 쉬운 수준에서 시작해 굉장히 빠른 속도로 심화됩니다. 중·고등학교에서는 초등보다 더 많은 양을 같은 기간에 소화해야 하기 때문입니다. 그래서 수학이 결코 쉽고 재미있게만 접근해서는 안 되는 이유도 이런 점에 있다고 봅니다. 수학은 '재미있다'고 하지만, 현실에서는 재미만으로는 해결되지 않는 어려움도 많습니다.

잘하기 위한 수학, 각 학년별 초등 수학의 목표는 다음 장에서 더 깊이 다뤄 보겠습니다.

3학년 이후라면
사고력보다
심화서!

    초등 저학년까지는 수학에서 딱히 어려운 개념이나 복잡한 문제가 많지 않습니다. 그래서 이 시기에는 사고력 수학책을 통해 아이가 수학을 좀 더 즐겁게 느끼고 흥미를 높일 수 있도록 도와주는 것도 좋은 방법이라고 생각합니다. 퍼즐 형태의 문제, 간단한 논리 문제, 그림을 활용한 직관적인 활동들은 교과서 속 단순한 문제와는 또 다른 수학의 재미를 제공합니다. 이렇게 하면 아이가 수학이 꼭 복잡한 계산만 있는 과목이 아니라는 긍정적인 인식을 갖게 되기 때문입니다.

사고력 수학 문제 예시

《1학년에는 즐깨감 논리 수학 퍼즐》 (와이즈만북스)	《초등 창의사고력 수학 팩토 Lv.1 기본 A – 수, 퍼즐, 측정》 (매스티안)
	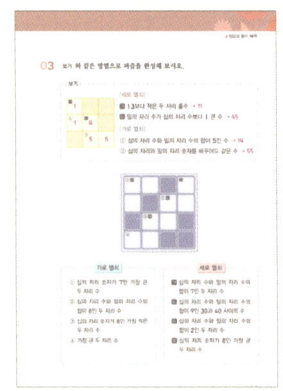

하지만 3학년이 넘어가면 상황이 많이 달라집니다. 그때부터는 사고력 문제집과 심화 문제집의 경계가 점점 흐려지기 시작합니다. '사고력 수학'이라는 말 그대로, 심화서 역시 깊게 생각하지 않으면 풀기 어려운 문제들로 가득 차 있기 때문입니다. 물론 사고력 수학이 무의미하다는 말은 아닙니다. 다만 시간과 에너지가 한정된 현실에서 반드시 선택을 해야 한다면, 이 시기에는 심화서를 먼저 선택하는 편이 좀 더 효과적이라고 생각합니다.

초등 수학 심화서는 생각보다 훨씬 다양합니다. 어쩌면 중·고등 심화서보다 종류도 많고 스타일도 다채롭습니다. 한 출판사에서도 여러 심화서 라인을 갖고 있어, 아이 성향이나 수준에 맞게 선택할 수 있습니다.

대표적으로 많이 선택되는 책으로는 디딤돌 출판의 《최상위 수학》과 천재교육의 《최고수준》이 있습니다. 그런데 이 심화서가 끝일까요? 그보다 더 어려운 극심화서도 초등 교육 안에 존재합니다.

대표적인 초등 심화서 큐레이션

《최상위 수학》(디딤돌)	《최고수준》(천재교육)	《수학리더 최상위》(천재교육)	《점프왕수학 최상위》(에듀왕)

수학 격차, 분수부터 잡아라

 아이들이 3학년이 되면서 수학을 어렵게 느끼는 가장 큰 이유 중 하나는 바로 '분수'의 등장입니다. 이 낯선 개념은 단순히 새로운 수의 형태로 나타나는 것이 아니라, 나눗셈 개념을 바탕으로 덧셈도 하고 곱셈도 하며, 심지어 약분과 통분 같은 생소한 내용까지 아이들에게 요구합니다.

 자연수처럼 깔끔하게 떨어지지 않는 분수는 아이들에게는 무척 복잡하고 불편한 존재로 느껴질 수밖에 없습니다. 그래서 분수는 수학에 대한 흥미를 떨어뜨리는 결정적인 계기가 되기도 합니다.

아이들이 분수를 어려워 하는 이유

3학년 1학기, 마치 드라마 주인공처럼 분수가 등장합니다. 처음에는 단위분수(분자가 1인 분수)로 조심스럽게 인사를 하지만, 이내 가분수, 대분수, 약분, 통분 등 복잡한 용어들과 함께 본격적으로 아이들을 시험하기 시작합니다. 사실 분수 개념은 2학년 때 배운 단위 길이 개념과도 연결되어 있습니다. 예를 들어, 손가락 한 마디를 1이라고 정하고, 그것을 기준으로 측정하면 그 길이만큼이 단위가 되는 것이지요.

이렇게 단위를 정해서 일정한 간격으로 나누는 경험은 전체 중의 일부를 이해해야 하는 분수 개념으로 자연스럽게 이어집니다. 즉, 분수는 단지 수의 모양이 다른 것이 아니라, 수학적 사고방식 자체가 달라지는 지점이라고 볼 수 있습니다.

낯선 표현 방식	숫자 위에 또 숫자가 올라간 모습은 처음 보는 아이들에게 심리적 거부감을 줄 수 있습니다.
자연수와의 계산 혼합	분수만 따로 계산하는 것이 아니라, 자연수와 섞어 계산하는 과정이 번거롭게 느껴집니다.
추상성의 증가	분수는 실물보다 개념적으로 이해해야 하는 수입니다. 눈에 보이지 않는 양을 비교하는 것은 아이들에게 큰 도전입니다.

그래서 다양한 분수 교구들이 등장한 것, 이해가 갑니다. 물론

꼭 교구를 사야 할 필요는 없습니다. 오히려 색종이 몇 장 만으로도 훌륭한 교구가 될 수 있답니다. 종이를 4등분, 6등분, 8등분으로 접고 잘라 보는 활동만으로도 분수 개념이 아이들 머릿속에 훨씬 선명하게 자리 잡을 수 있습니다.

효과적인 분수 학습법

그럼 분수를 어떻게 극복할 수 있을까요? 분수는 수학을 어렵게 만드는 첫 번째 고비이지만, 동시에 수학 사고의 깊이를 넓힐 수 있는 소중한 기회이기도 합니다. 아이와 함께 천천히, 꼼꼼히, 그리고 유연하게 접근한다면 분수도 충분히 극복할 수 있습니다.

① 개념에 집중하세요.

분수는 개념이 가장 중요합니다. 계산은 그다음입니다. 문제집을 풀기 전에 개념 설명을 꼼꼼히 읽고, 예제 문제를 함께 살펴보는 것이 좋습니다.

② 용어를 정리하세요.

약분, 통분, 가분수, 대분수 등 생소한 용어에 익숙해지도록 도와주세요. 낯선 단어가 익숙해지면 문제도 덜 어렵게 느껴집니다.

③ 분수 특화 문제집을 활용해 보세요.

요즘은 분수 개념만 집중적으로 다룬 문제집도 많습니다. 아이가 분수에서 특히 어려움을 느낀다면, 그런 책을 활용하는 것도 좋은 방법입니다.

대표적인 분수 특화 문제집

④ 우리 집만의 방식으로 풀어 나가기

교구를 활용하든, 개념 노트를 만들어 보든, 아이가 이해하기 쉬운 방식으로 분수를 접근해 보세요. 가장 중요한 건 아이 스스로 이해하는 것입니다.

PART 2

엄마가 미리 알아야 할 학년별 교육 과정

1학년 단원 로드맵

　초등 수학은 학년별로 목표가 달라야 한다고 생각합니다. 어쩌면 초등 시절에서 1학년과 6학년의 차이가 하늘과 땅이라고 볼 수 있을 만큼 아이들이 급성장하는 시기이기도 합니다. 이 책을 읽는 학부모님이라면 적어도 교육에 관심이 많으실 것이고, 학교 단원평가 이상의 학습 목표를 원하실 거라고 생각합니다.

　이번 파트 2에서는 각 학년에 맞춰 어떤 목표를 세우고 공부해야 하는지, 어떤 단원을 더 유의 깊게 봐야 하는지 간단하게 정리해 보았습니다.

　초등학교 1학년은 이제 막 학교에 들어간 햇병아리 친구들입니다. 세상에 첫발을 내디디고 학교 생활에 적응해야 해서 그런지, 학교도 아이들에게 팍팍하게 대하지 않습니다. 마찬가지로 아이들도 학교에 적응하기 위해 미취학 3년을 온전히 준비하고 온다고 해도 과장은 아닙니다. 1학년에 수학 못하는 아이를 찾기가 더 힘들 만큼, 아이들은 수학에 대한 준비도 많이 해 옵니다.

그럼, 초등 1학년 때는 각 학기별로 어떤 준비를 해야 하는지 알아보도록 하겠습니다.

1학년 수학 목차

1-1	1-2
1. 9까지의 수 2. 여러 가지 모양 3. 덧셈과 뺄셈 4. 비교하기 5. 50까지의 수	1. 100까지의 수 2. 덧셈과 뺄셈 (1) 3. 모양과 시각 4. 덧셈과 뺄셈 (2) 5. 규칙 찾기 6. 덧셈과 뺄셈 (3)

1학년 1학기

1학기에는 총 다섯 단원을 배웁니다. 우선 기본적으로 자연수에 대한 개념을 배우며, 아이들과 크게 어렵지 않게 공부할 수 있습니다. 이 중 학부모님들이 가장 놓치기 쉬운 단원은 2단원과 4단원입니다.

예전에는 2단원에 공 모양, 상자 모양, 둥근 기둥 모양을 쓰기도 했으나, 교과서 개편으로 한글을 쓰지 않도록 개선되었습니다. 그러면서 생긴 부작용이 있는데, 아이들이 어떤 그림인지 알지만 그 그림을 읽을 수 없다는 점입니다. 직육면체 그림을 주고 읽는 법을 알려 주지 않으니 소통이 매우 답답합니다.

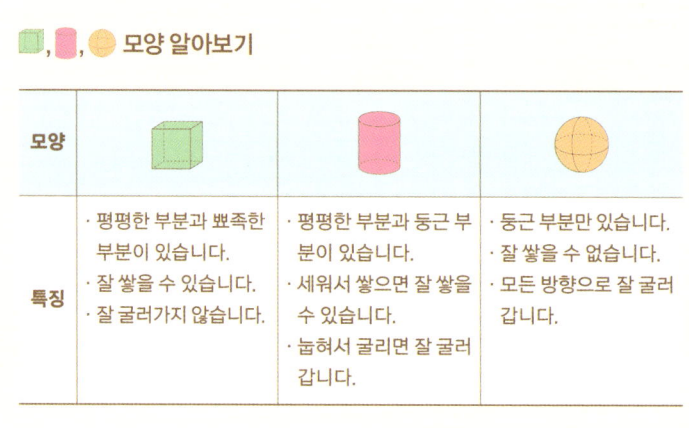

디딤돌《초등수학 기본+응용》1-1 42p

그리고 4단원이 되면 비교하기를 배웁니다. 한글에 더 가까운 비교하기이지만, 아이들은 의외로 반대말을 기억하지 제대로 사용하지 못하고 있습니다. '길다 ↔ 짧다, 넓다 ↔ 좁다, 무겁다 ↔ 가볍다, 크다 ↔ 작다, 많다 ↔ 적다'가 주로 등장하며, 그중에서 '적다'와 '작다'를 많이 혼동합니다.

아이들이 힘들어 하는 부분을 보다 보면, 숫자 자체의 문제라기보다 문해력, 즉 글을 읽고 이해하는 능력 때문에 어려움을 겪는 경우가 훨씬 많다는 것을 알 수 있습니다. 초등학교 1학년 때는 한글을 누구보다 열심히 가르쳐 주셔야 합니다. 그리고 그 한글 능력이 수학 학습의 토대가 된다는 사실을 꼭 기억해 주세요.

1학년 2학기

1학기에는 50까지의 수를 배우지만, 2학기부터는 바로 100까지 수를 확장해서 배우게 됩니다. 수를 넓히고, 덧셈과 뺄셈 연산을 3단원에 배치해서 연산 능력을 강화하는 것을 목표로 삼고 있죠. 이때 뛰어 세기를 잘 알려 주시는 게 중요합니다. 특히 한글로 수를 읽는 문제에서 아이들이 많이 힘들어 하니 세심한 관심이 필요합니다.

수를 한글로 읽어야 할 때 아이들은 많이 힘들어 합니다. 우리 아이가 잘할 수 있을지 궁금하시다면, 1부터 100까지 적힌 숫자판을 한 장 프린트해서 아이에게 읽어 보라고 해 보면 됩니다. 예를 들어, 숫자 76을 보고 '칠십육' 또는 '일흔여섯'처럼 읽을 수 있어야 한다는 뜻입니다.

만약 잘 읽지 못한다면 연습이 필요합니다. 집에서도 충분히 가능하고, 랜덤으로 숫자를 불러주며 맞히게 하면 좋습니다. 또한 '오십삼', '이십오'처럼 '몇 십 몇'이라는 말이 두 자릿수를 뜻한다는 정도만 알려 주면 큰 무리 없이 넘어갈 수 있습니다.

같은 수끼리 짝 지어지지 않은 것은 어느 것인가요? (   )

① 오십칠 - 57
② 예순하나 - 61
③ 여든둘 - 82
④ 칠십사 - 74
⑤ 마흔아홉 - 99

천재교육 〈수학리더 개념〉 1-2 31p

3단원은 '모양과 시각'입니다. 2015 개정 교육 과정에서는 이 단원이 '시각과 시간'으로 불렸는데, 2022년 개정 교육 과정을 거치면서 '모양과 시각'으로 이름이 바뀌었습니다. 이 단원에서는 정각과 30분 단위를 배우게 되며, 아주 짧게 지나가는 단원이지만 이때 개념을 제대로 잡아두지 않으면 2학년, 3학년 때 아이들이 어려움을 겪을 수 있습니다.

시계를 잘 읽으려면 시계를 많이 보는 게 가장 좋은 방법입니다. 집에 있는 아날로그 시계를 아이가 스스로 읽을 수 있도록 격려해 주세요. 그러면 아이들도 충분히 시각을 읽을 수 있게 됩니다. 그러나 이것도 저것도 힘드시다면 아이에게 아날로그 손목시계라도 채워 주시기를 추천합니다. 손목의 시계가 시간의 개념뿐 아니라 시각을 읽는 데도 도움을 줄 수 있기 때문입니다.

여러분은 언제 처음으로 시간을 읽기 시작하셨나요? 기억나지 않을 만큼 아주 어렸을 때부터 시간을 읽어 왔을 겁니다. 우리 아이들도 할 수 있다는 점을 꼭 기억해 주세요.

2학기에는 한 자릿수와 한 자릿수의 받아올림 계산법을 배웁니다. 이 부분을 제대로 익히지 못하면 2학년 때 계산 속도가 나지 않을 수 있습니다. 10의 보수를 활용하여 충분히 연습해 두면 2학년 수학을 좀 더 수월하게 진행할 수 있습니다.

초등 1학년이 배워야 할 공부 태도

이렇게 오랫동안 열심히 준비시켜 드디어 아이를 초등학교 1학년에 입학시킵니다. 그런데 입학하자마자 또 다른 걱정이 찾아옵니다.

"얘가 다 안다고 자만하면 어떻게 하지?"

"수업이 너무 쉬워서 시시하다고 하면 어떡하지?"

이런 걱정들을 하신다면, 지금까지 수학을 '점수를 위한 도구'로만 바라보셨을 가능성이 큽니다. 저는 초등 1학년 아이에게 가장 먼저 길러야 할 태도가 '겸손함'이라고 생각합니다.

이미 유치원 시절부터 사전 학습을 많이 하고 1학년을 준비한 아이들이 많습니다. 우리 아이만 그런 게 아닙니다. 대다수 아이들은 이미 유치원 때 배운 내용을 1학년 때 복습하러 온 겁니다. 그런데 수업 시간에 눈에 띄는 아이들은 누구일까요?

"저 이거 알아요!", "이건 너무 쉬워요!"라고 말하는 아이가 아닙니다. 진짜 빛나는 아이는 선생님 말씀을 경청하고, 알고 있는 내용도 마치 처음 듣는 것처럼 집중하며, 손을 들어 조심스럽게 의견을 말하는 아이가 아닐까 싶습니다.

수업 시간에 "저 이거 아는데요?"라고 말하는 순간, 설령 그 지식이 자기 것이더라도 아이는 자칫 이기적이고 분위기를 흐리는 '나대는 아이'로 보일 수 있습니다. 그 한마디 때문에 아이 역량이 폄하될 수도 있기에, 겸손함을 꼭 가르쳐야 한다고 생각합니다.

문제를 잘 푸는 아이보다, 문제도 잘 푸는 아이를 키우는 게 진짜 교육 목표 아닐까요? 수학이라는 도구를 통해 태도를 배울 수 있습니다. 스스로 아는 문제도 조용히 풀고, 모르는 친구에게는 배려할 줄 아는 마음, 질문이 생기면 경청하고 발표할 때 자기 순서를 기다리는 태도, 이런 모든 것들이 1학년부터 시작된다고 봅니다. 겸손함을 가진 아이는 그 어떤 아이보다 더 빛나 보일 거라고 자신합니다.

2학년 단원 로드맵

 2학년이 된다는 것은 아직 저학년이긴 하지만, 학교 생활에 대해 많이 알게 되는 나이가 되었다는 뜻입니다. 이제는 스스로 준비물을 챙기고, 학교 수업 시간이 몇 분인지, 종은 언제 울리는지, 점심시간은 언제인지도 잘 알게 됩니다.
 수학 역시 변화하기 시작하는 시기입니다. 더 이상 어린아이로만 보지 않고, 점점 더 많은 연산을 배울 준비를 시작하는 때죠. 2학년의 가장 중요한 화두는 역시 곱셈 구구, 즉 구구단입니다. 이 부분 외에도 우리가 어떻게 아이를 준비시켜야 할지 함께 알아보도록 하겠습니다.

2학년 수학 교육 과정

2-1	2-2
1. 세 자릿수 2. 여러 가지 도형 3. 덧셈과 뺄셈 4. 길이 재기 5. 분류하기 6. 곱셈	1. 네 자릿수 2. 곱셈 구구 3. 길이 재기 4. 시각과 시간 5. 표와 그래프 6. 규칙 찾기

2학년 1학기

세 자릿수

이제 세 자릿수가 등장했습니다. 1학년 때는 99까지만 다뤘던 수가 이제는 999까지 확장되는 거죠. '뛰어 세기' 연습도 함께 해 주셔야 합니다. 뛰어 세기라는 말이 무엇을 뜻하는지 아이가 잘 알고 있어야 문제의 요구를 제대로 이해할 수 있기 때문입니다.

'앞으로 뛰어 세기'뿐 아니라 '뒤로 뛰어 세기'도 연습해야 합니다. 수직선을 그려 앞으로 간다는 것과 뒤로 간다는 것의 의미를 파악한다면 이 단원을 좀 더 쉽게 넘길 수 있을 거예요.

아래는 실제로 2학년 1학기에 나오는 문제입니다. 이 정도 수준의 한글을 이해해야 문제를 풀 수 있고, 자릿값도 잘 알고 있어야 문제의 의미를 잘 알 수 있습니다.

어떤 수인지 써 보시오.

· 어떤 수는 세 자릿수입니다.
· 백의 자리 숫자는 3보다 크고 5보다 작습니다
· 십의 자리 숫자는 70을 나타냅니다
· 일의 자리 숫자는 3보다 작은 홀수입니다.

곱셈, 덧셈, 뺄셈

2학년 1학기 후반부터 구구단 개념이 살짝 시작되는데요, 바로 곱셈 구구를 외우는 것이 아니라 '×' 기호의 뜻을 먼저 배우게 됩니다. 물론 굳이 외우지 않아도 문제를 푸는 데 크게 어려움은 없습니다. 기호의 의미를 제대로 아는 것이 더 중요합니다.

의외로 수·연산 부분에서 아이들이 가장 힘들어하는 단원은 덧셈과 뺄셈 단원이기도 합니다. 이 단원에서 아이들이 혼란에 빠지는 경우가 있는데, 그 이유는 여러 가지 방법으로 계산하기 때문입니다. 이런 방법들을 가르치는 이유는 계산 방식이 실제로 다양하기 때문이고, 우리 아이가 자신에게 가장 잘 맞는 방법을 찾아 실수 없이 진행하는 게 더 중요해서입니다. 모두 다 잘하면 좋겠지만 사실 그렇지 않습니다. 그래서 자신에게 맞는 방법을 찾아 실수 없이 하는 게 더 중요할 수도 있습니다.

또한 세 수의 계산이 나오는데, 덧셈과 뺄셈이 섞여서 연산하게 됩니다. 귀찮은 걸 싫어하는 아이들의 특성상, 계산을 두 번 해야 하는 이런 문제는 종종 짜증이 나기도 합니다. 하지만 이제 시작일 뿐입니다. 수학 문제에서 계산을 한 번만 하는 문제가 더 드물 정도로, 올라갈수록 해야 할 계산은 점점 더 많아지니까요.

아래 문제 정도의 연산이 되어야 2학년 1학기 연산 수업을 무사히 통과했다고 볼 수 있습니다.

$$60 - 27 + 24 =$$

길이 재기

길이 재기 단원에서는 '단위 길이'라는 말이 등장합니다. 단위 길이가 무슨 뜻인지, 어떤 의미인지 제대로 이해하는 것이 3학년 때 나오는 단위 분수를 한 번에 이해하는 데 큰 도움이 됩니다. 단위 길이라는 용어를 잘 기억하도록 공부하면 더욱 좋습니다.

또한, 2학년 때는 cm 단위만 나오므로 자를 이용해 길이를 재는 연습을 하는 것도 좋은 방법입니다. 필통에 15cm짜리 자 하나씩 넣어 주고, 집에서 여러 가지 물건 길이를 재 보게 하면 어렵지 않게 이 단원을 넘어갈 수 있습니다.

여러 가지 도형

여러 가지 도형 단원에서는 칠교와 쌓기나무가 등장합니다. 특히 칠교는 많은 아이들이 생각보다 힘들어 하는 부분이기도 합니다. 그래서 많은 선생님들이 칠교가 중요하다고 강조하고, 이에 관한 책들도 많이 나오곤 합니다.

하지만 저는 조금 다른 생각을 가지고 있습니다. 수학 안에서 칠교가 나오는 이유는 도형 감각을 키우기에 좋은 교구이기 때문입니다. 그리고 생각보다 초등 수학 이후 과정에서는 칠교가 크게 비중을 차지하지 않으니, 너무 부담 갖지 말고 가볍게 즐기면서 공부하면 좋겠습니다.

2학년 2학기

2학년 2학기에는 구구단 암기와 수의 확장, 그리고 길이, 시간, 규칙 등 실생활과 밀접한 단원들이 많이 나옵니다. 이 단원들은 암기력과 개념 이해가 동시에 필요하기 때문에, 가정에서 충분한 연습이 이루어져야 아이들이 수학을 더 편하게 받아들일 수 있습니다.

네 자릿수

2학년 1학기에서 999까지 익혔다면, 이제 1,000 이상의 수, 즉 네 자릿수를 배우게 됩니다. 1,000이란 100이 10개라는 개념을 정확히 익히는 것이 매우 중요합니다. 자리값이 확장되기 때문에 '몇 천', '몇 백', '몇 십' 같은 표현들을 자연스럽게 읽고 쓸 수 있어야 합니다.

사실 이 부분은 생활 속에서 쉽게 배울 수 있습니다. 예를 들어, 시장 놀이를 하거나 직접 물건을 사 보면서 1,000 단위 감각을 익힌다면, 더할 나위 없이 좋은 공부법이 될 것입니다.

곱셈 구구

이제 본격적으로 구구단을 외우는 시기가 왔습니다. 이 시기에 기초가 잘 잡히지 않으면, 이후 곱셈은 물론이고 나눗셈, 분수 계산까지 모두 흔들릴 수 있습니다. 그래서 단순 암기보다는 구조를 먼저 이해하는 것이 중요합니다. '×' 기호가 뜻하는 바를 정확히 알고, '몇씩 몇 묶음'이라는 개념부터 익혀야 암기가 더 오래갑니다.

서술형 문제는 아이들이 특히 어려워 하기 때문에, 학기가 시작하기 전 아이들이 미리 익혀 두는 것도 좋습니다. 또 구구단 노래를 듣거나 카드 게임을 하며, 하루에 한 단씩 써 보는 등 다양한 방식으로 자연스럽게 구구단에 친숙해지도록 이끌어 주세요. 구구단 특화 문제집을 2학기 시작 전 한번 풀게 해 보는 것도 좋은 방법입니다.

길이 재기

1학기보다 더 세밀하게 단위 개념을 다루기 시작합니다. 먼저 길이를 어림하고, 자로 직접 재 보면서 차이를 확인하는 활동이 매우 중요합니다. 아이들은 cm와 m라는 단위가 실제로 얼마나 되는지 가늠이 잘 안 되는 경우가 많습니다. 이때 아이에게는 '나'를 기준으로 물어보는 게 가장 효과적입니다. 자신의 키를 기준 삼으면 훨씬 잘 이해할 수 있거든요.

"이 책상의 길이는 몇 cm일까?"

"너의 키를 m와 cm로 같이 나타낼 수 있을까?"

"엄마 키는 몇 cm일까?"

"아파트 한 층의 높이는 얼마나 될까?"

실생활과 밀접한 문제를 자주 내어 주면서 단위 개념을 익히게 하는 것이 중요합니다.

시각과 시간

초등 저학년 수학에서 시계 단원은 매년 등장합니다. 그런데 이 단원은 나오기만 하면 아이들이 어려워하는 부분이라, 특히 더 신경 써 주셔야 합니다. 시각과 시간 계산의 기초가 바로 이 시기에 시작된다고 보시면 됩니다. 정각과 30분 단위를 복습한 뒤, 점차 5분 단위까지 연습 범위를 넓혀 가는 것이 중요합니다.

"몇 시 몇 분에 시작해서 30분이 지나면 몇 시일까?" 같은 실생활 속 문제를 자주 내 주어 아이가 익숙해지도록 만드는 게 핵심입니다. 오전, 오후 개념과 하루는 24시간이라는 사실도 시계 없이 말로 설명할 수 있어야 합니다.

> 지안이는 낮 12시부터 오후 2시 30분까지 낮잠을 잤습니다. 지안이가 낮잠을 잔 시간은 몇 시간 몇 분일까요?

보통 2학년 2학기에 나오는 시각과 시간 문제입니다. 난이도는 기본 수준입니다. 이 문제를 풀 때 아이들이 힘들어 하는 이유는 무엇일까요? 뒷시간에서 앞시간을 빼야 한다는 사실은 알고 있지만, 단순한 숫자 '2'와 '12' 때문에 헷갈리기도 합니다. 특히 '오후 2시'가 어떤 의미인지 명확히 알려 주셔야 아이들이 계산하는 데 어려움을 느끼지 않습니다.

또한 요즘 아이들 중에는 달력을 제대로 이해하지 못하는 아이들도 많다고 합니다. 아마도 달력을 자주 볼 기회가 적기 때문일 겁니다. 그래서 탁상 달력 한 권을 책상 위에 두고 아이들이 자주 보게 하면, 달력 보는 데 어려움이 크게 줄어들 겁니다. 수학이 익숙해지는 환경, 그것이 출발이니까요.

규칙 찾기

아이들에 따라서 가장 추상적으로 느껴질 수 있는 단원이 '규칙 찾기'입니다. 단순히 "다음 숫자는 무엇인가요?"를 넘어서, 규칙을 설명하고 말로 표현하는 능력까지 필요하기 때문에 싫어하는 친구들이 정말 많습니다.

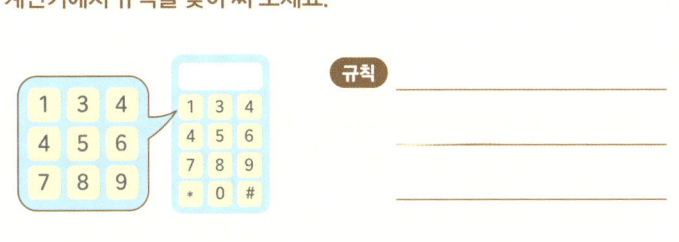

천재교육 《수학더익힘》 2-2 143p 2번 문제

초등 2학년 문제 중 계산기에 규칙을 찾아 써 보라는 문제가 있습니다. 아이들은 어떤 규칙인지는 알지만, 그걸 어떻게 써야 할지 막막해합니다. 이 문제는 2학년 문제지만, 어른들도 '답이 뭘까? 명쾌하고 간단하게 적어야 할 텐데.'라는 생각에 선뜻 시작을 못 하시는 분들도 많을 겁니다.

실제 정답은 '아래로 내려갈수록 3씩 커진다.'입니다. 하지만 '오른쪽으로 갈수록 1씩 커진다.', '위로 올라갈수록 3씩 작아진다.' 같은 다양한 규칙을 적어도 모두 정답이 될 수 있습니다. 이 단원에서 정답이라는 것은, 채점자가 들었을 때 납득할 만하면 인정받을 수 있기 때문입니다.

처음부터 글로 쓰는 게 어려운 친구들은 먼저 규칙을 말로 설명해 보고, 그다음 글로 적어 보는 연습을 자주 하는 게 좋습니다. 색, 모양, 수의 반복 규칙을 구분하고 설명하는 연습 역시 큰 도움이 됩니다.

2학년 수학은 단순한 연산 실력보다 '수 감각'과 '상황을 이해하는 힘'을 키우는 시기입니다. 수를 읽고 쓸 수 있어야 하고, 수 사이의 크기와 관계를 이해하며, 문제 상황을 읽고 생각해 식을 세울 수 있어야 합니다. 이 기초가 잘 다져진 아이들은 3학년부터 본격 시작하는 수학 공부도 흔들림 없이 잘해낼 수 있습니다.

초등 2학년이 배워야 할 공부 태도

초등 2학년은 아이들이 처음으로 수학이 지겹다고 느끼기 시작하는 시기입니다. 문제를 보면 알 수 있어요. 1학년 때처럼 단순한 덧셈, 뺄셈이 한눈에 보이지 않습니다. 이제는 머리를 써야 하고, 계산 과정도 생각해야 하며, 풀이 방법도 고민해야 하죠. 아이는 당황합니다.

"왜 갑자기 수학이 이렇게 재미없어졌지?"

"왜 이렇게 오래 걸리지?"

지겨움과 귀찮음이 몰려오기 시작합니다. 그리고 그 지겨움을 견디느냐 못 견디느냐가 3학년부터 점점 실력 차이로 드러납니다.

그렇다면 2학년 때 아이에게 가장 중요한 것은 무엇일까요? 바로 '지겨움을 견디는 힘', 즉 인내심입니다. 수학이라는 과목을 통해 문제 하나를 오래 고민하는 힘, 쉽게 포기하지 않고 끝까지 풀어내는 끈기를 조금씩 연습하는 것입니다.

이렇게 생각해 보세요. 지겨운 문제집 한 장을 풀어 가는 시간 동안 우리는 단순히 수학 문제를 푸는 것이 아니라, 아이에게 삶을 살아가는 힘, 인내하는 법을 가르치고 있는 것입니다. 초등 2학년은 인내심을 배우는 시기입니다. 그러니 조급해 하지 마시길 바랍니다. 지겨움을 견디는 작은 연습들이 쌓여 아이를 단단하게 만들어 줄 것입니다.

3학년 단원 로드맵

초등 3학년 수학은 1, 2학년 때와 확연히 다릅니다. 자연수만 가지고 놀던 수학에서 벗어나, 이제 수의 세계가 넓어지고 본격적인 사칙연산이 완성되는 시기로 접어드는 겁니다. 이때부터 수학은 단순히 숫자 계산이 아니라, 문제를 읽고 해석하며 이해해야만 풀 수 있는 과목으로 바뀌게 됩니다. 수학을 통해 아이의 문해력 수준도 드러나기 시작하는 시기입니다.

또한 학교에서 배우는 과목 수도 늘어나기 시작합니다. 국어, 영어, 수학, 사회, 과학 같은 주요 과목이 편성되고 수업 시간도 점점 길어집니다. 그래서 수학을 더 하고 싶어도 시간이 부족하다는 아이들 목소리가 나오기도 합니다.

미리 3학년을 준비한 친구들은 당연히 3학년 수학이 어렵지 않겠지만, 1, 2학년을 편안하고 즐겁게 보낸 친구들에겐 쉽지 않은 시간이 될 수도 있습니다. 그렇다면 3학년에는 무엇을 준비하고 어떻게 공부하는 게 좋을까요?

3학년 수학 교육 과정

3-1	3-2
1. 덧셈과 뺄셈 2. 평면도형 3. 나눗셈 4. 곱셈 5. 길이와 시간 6. 분수와 소수	1. 곱셈 2. 나눗셈 3. 원 4. 분수 5. 들이와 무게 6. 자료의 정리

교육 과정이 개정되면서 수학 교과서가 검정교과서로 바뀌었습니다. 검정교과서가 되다 보니 출판사별로 선택하는 교과서 목차가 조금씩 달라지기도 합니다. 예를 들어, 같은 천재교육 출판사에서 나온 교과서라도 목차가 약간 다를 수 있죠. 하지만 중요한 것은, 동일한 학기에는 기본적으로 같은 내용을 배운다는 점을 참고해 주시면 좋겠습니다.

같은 학년이지만 목차가 다른 교과서 예시

3학년 1학기

3학년 1학기는 수가 더 확장되는 시기입니다. 세 자릿수를 넘어 네 자릿수까지 다루게 됩니다. 이때 자릿값 감각이 더욱 중요해지고, 뛰어 세기, 수 읽기, 쓰기에도 능숙해져야 합니다.

평면도형

도형 단원에서는 정확한 명칭을 배우기 시작합니다. 점, 선, 반직선, 직선 같은 개념을 익히며, 정확한 수학적 표현이 꼭 필요해지는 시기입니다. 반직선과 직선의 차이를 헷갈려 하는 아이들이 많기 때문에, 초기에 명확히 구분해 주는 것이 매우 중요합니다.

또한 아이들이 각을 읽을 때 헷갈리는 경우도 많습니다. 각을 어떻게 읽는지, 각의 변을 어떻게 표현하는지 정확히 알려 주면 좋겠습니다.

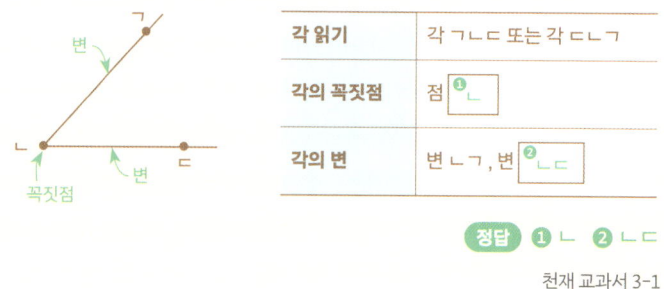

천재 교과서 3-1

덧셈과 뺄셈, 나눗셈과 곱셈

덧셈과 뺄셈을 할 때는 숫자의 크기가 커진 만큼 받아올림과 받아내림을 철저히 연습해 주는 것이 중요합니다. 가끔 "가로셈을 세로셈으로 해도 되나요?"라는 질문을 받는데, 저는 전혀 상관없다고 생각합니다. 아이가 편한 방법으로 하면 됩니다. 자릿수가 커져도 계산의 한계를 두지 말고 자연스럽게 할 수 있을 만큼 연습하는 게 더 좋습니다.

나눗셈에 들어가면 곱셈과 나눗셈의 관계를 잘 이해해야 합니다. 서로 호환해서 식으로 나타낼 수 있어야 하는데, 그러려면 곱셈구구를 완벽하게 외워야 합니다. 아직 잘 외우지 못했다면 다음 단계로 가기 전에 꼭 한 번 더 복습하는 게 필요합니다. 아이들이 '몫', '나누는 수', '나누어지는 수' 같은 단어를 제대로 이해하지 못해 문제를 못 푸는 경우도 많습니다. 몫이 어디에 있는지, 나누는 수가 어디인지 명확히 알도록 지도해 주세요.

곱셈 단원에서는 자릿수 맞추기가 중요합니다. '두 자릿수 × 하기 한 자릿수'부터 자릿수를 정확히 맞춰야 다음 단계에서 자리에 맞게 답을 구할 수 있습니다. 답만 맞으면 된다는 생각보다는 모든 숫자를 제자리에 쓰도록 지도하는 게 필요합니다. 암산하는 아이들도 있겠지만, 되도록 써서 푸는 게 실수를 줄이는 방법입니다.

길이와 시간

길이와 시간 단원에서는 직접 길이를 재 보는 것이 무엇보다 중요합니다. 실생활과 밀접한 단원이니, 자주 질문하고 관찰하는 습관을 길러 주는 게 아이들의 수학 감각을 키우는 데 크게 도움이 됩니다. 문제 중에 길이를 재는 문제가 많으니 실제 자를 들고 주변

물건 길이를 재 보게 하면 단원 이해가 훨씬 쉬워집니다.

mm뿐 아니라 km 단위도 나오는데, km 단위는 아이들에게 감이 잘 오지 않는 경우가 많습니다. 어른도 감이 올 때가 드물죠. 요즘은 걷기만 해도 기록이 되는 시대니, 아이와 함께 1km 정도 산책해 보면 길이 감각을 키우는 데 큰 도움이 될 것입니다. 이렇게 몸으로 익힌 수학은 확실히 기억에 오래 남습니다.

시간도 마찬가지입니다. 아이들은 '초와 분의 받아올림은 60에서 하지만, 시간은 그렇지 않다.'는 점을 가장 어려워합니다. 이 차이를 명확히 이해해야 시간 계산이 납득이 잘 됩니다. 1분이 60초, 1시간이 60분이라는 사실을 아이와 함께 시계를 보며 이야기해 주세요. 실제로 "300초는 몇 분일까?", "1분 39초는 몇 초일까?" 같은 질문을 자주 하며 연습시키면 시간이 훨씬 쉽게 느껴질 것입니다.

분수와 소수

초등 3학년 마지막에는 분수와 소수가 등장합니다. 초등 시절, 자연수 외에 만나는 새로운 수의 개념입니다. 처음에는 어렵게 느껴져 아이들이 싫어할 수도 있으니, 처음엔 대충 알아도 풀 수 있는 수준으로 접근합니다.

하지만 분수는 시간이 지나면서 다양한 모습으로 변하기 때문에 아이들은 분수를 포켓몬 '메타몽'에 비유하기도 합니다. 분수의 정의를 정확히 알고 있어야 하며, 분수와 소수의 표현은 달라도 같은 양을 나타낼 수 있다는 점을 이해하면 훨씬 덜 어렵게 느껴집니다.

단위 분수의 정의를 기억하고, 단위 분수일 때 대소 비교가 완벽하게 되어야 추후 분수 크기 비교가 수월해집니다. 너무 어렵다면 색종이를 잘라 보거나 수 막대를 이용해 보는 것도 좋은 방법입니다. 초등 3학년 수학까지는 아이가 직접 경험하며 체득할 수 있는 것들이 많으니, 놓치지 말고 함께 해 주시면 수학에 대한 흥미를 키우는 데 큰 도움이 될 것입니다.

강인이네 집에서 약국까지는 $\frac{8}{10}$km, 도서관까지는 1.3km, 학교까지는 0.9km 떨어져 있습니다. 약국, 도서관, 학교 중 강인이네 집에서 가장 가까운 곳은 어디일까요?

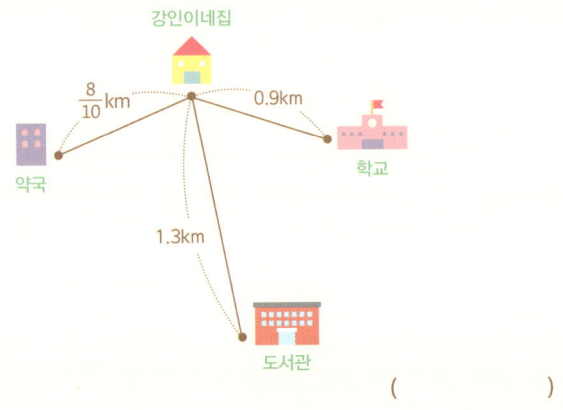

( )

천재교육 《수학더익힘》 3-1 160p 10번 문제

3학년 2학기

곱셈과 나눗셈

첫 단원부터 곱셈이 등장합니다. 하지만 이미 계속해 온 연산의 확장이기 때문에, 크게 힘들어 하는 아이들은 많지 않습니다. 다만 귀찮아하는 아이들이 있을 뿐이죠. 이럴 때 학부모님들은 '왜 아이가 빨리 못 하지?' 하며 걱정하시는데, 저는 속도보다 정확성이 더 중요하다고 생각합니다. 패턴이 반복되고 자릿수만 늘어나는 형태이기 때문에, 실수 없이 꾸준히 해내는 연습에 집중하는 게 더 필요합니다.

나눗셈 단원을 시작하면 드디어 부모님들도 익숙한 '세로셈' 계산법이 나옵니다. 그런데 이때 자릿값을 맞추지 못하고 옆으로 숫자를 써 내려가는 친구들이 많습니다. 그래서 무엇보다 자리 맞추기 연습이 중요합니다. 그리고 나머지 개념이 등장하는데, '나누어떨어진다'는 의미와 나머지가 있을 때 검산식을 세우는 연습도 하며 나눗셈을 정확히 이해해야 합니다.

이 문제를 풀려면 나눗셈에 대해 잘 알고 있어야 합니다. 또 나눗셈에서 곱셈을 다시 할 수 있어야 하고, 검산식도 세울 줄 알아야 하며, 몫과 나머지가 각각 어떤 부분을 뜻하는지도 명확히 이해하고 있어야 합니다. 이렇게 문제 하나에도 여러 개념을 함께 이해하고 있어야 비로소 제대로 풀어낼 수 있습니다.

어떤 수를 7로 나누어야 할 것을 잘못 하여 7을 곱했더니 952가 되었습니다. 바르게 계산한 몫과 나머지를 구하세요.

풀이 □ × 7 = 952
952 ÷ 7 = 136
□ = 136
136 ÷ 7 = 19 ⋯ 3

원

그리고 3학년 수학에서는 '원'이 본격적으로 등장합니다. 그동안 단순히 '동그라미'라고만 알던 모양이 '원'이라는 이름을 가지고 한 단원을 차지하게 되죠. 의외로 아이들은 '지름'과 '반지름'이라는 용어에는 크게 헷갈려하지 않습니다. 하지만 원을 직접 그리거나, 원의 성질을 기억하는 데는 어려움을 겪는 경우가 많습니다. 그래서 원 그리기 연습과 원의 다양한 특징을 반복해서 익히는 것이 중요합니다.

원의 성질을 잘못 설명한 것을 찾아 기호를 쓰고, 바르게 고쳐 보시오.

㉠ 지름은 항상 원의 중심을 지납니다.
㉡ 반지름은 원을 똑같이 둘로 나눕니다.
㉢ 지름은 반지름의 4배입니다.
㉣ 지름은 원 위의 두 점을 이은 직선 중에서 가장 깁니다.

정답은 무엇일까요? 이런 문제의 답을 한 번에 찾으려면 원의 성질을 정확히 알고 있어야 합니다. 원은 초등 3학년 때 처음 배우지만, 이후 모든 도형 단원에서 삼각형 못지않게 중요한 부분을 차지하게 됩니다.

원의 성질을 잘못 설명한 것을 찾아 기호를 쓰고, 바르게 고쳐 보시오.
㉠ 지름은 항상 원의 중심을 지납니다.
㉡ ~~반지름~~ **지름**은 원을 똑같이 둘로 나눕니다.
㉢ 지름은 반지름의 ~~4~~ **2**배입니다.
㉣ 지름은 원 위의 두 점을 이은 ~~직선~~ **선분** 중에서 가장 깁니다.

그리고 원을 그릴 줄 아는 것도 중요합니다. 학교에 가서 처음 컴퍼스를 만질 때 아이들이 당황하는 경우가 많기 때문에, 미리 집에서 원을 여러 번 그려보며 감을 익히는 게 좋습니다. 직접 그려봐야 원의 중심을 찾는 문제도 훨씬 쉽게 풀 수 있기 때문입니다.

분수

분수가 다시 등장하는데, 이때부터는 점점 더 헷갈리기 시작합니다. 그림을 보고 분수를 쓰는 문제는 어렵지 않지만, 아이들이 특히 어려워하는 부분은 말로만 분수를 표현하는 문제입니다.

> **구슬은 15의 $\frac{2}{5}$ 입니다.**

    문장의 구슬은 몇 개일까요? '15개를 5개씩 묶은 것 중에 2묶음'이라는 사실을 한 번에 알아차리는 아이들이 생각보다 많지 않습니다. 그렇기 때문에 1학기 단위분수를 잘 이해하고 있어야 $\frac{1}{5}$의 2배인 $\frac{2}{5}$도 이해가 되는 것입니다.

    또한 진분수, 가분수, 대분수 같은 용어도 등장하는데, 각 용어를 정확히 아는 것이 정말 중요합니다. 대분수는 한자로 '帶(띠 대)', '數(셈 수)', '分(나눌 분)'으로 쓰는데, 여기서 '대'는 '클 대'가 아니라 '띠 대'를 써서 띠를 두른 분수를 뜻합니다. 이 점에 놀라는 분들도 많지만, '띠를 두른 분수'라는 뜻을 알고 나면 대분수의 모양이 새삼 이해가 됩니다.

    이처럼 분수는 용어만 제대로 익혀도 훨씬 수월하게 공부할 수 있습니다. '띠'는 사실 자연수를 뜻하고, 자연수와 분수의 합은 소수에서 소수점 위치에 따라 달라지는 것과 크게 다르지 않다는 걸 알면, 분수와 소수 개념 모두 혼란 없이 이해할 수 있습니다.

들이와 무게

    '여우와 두루미' 이야기를 아시나요? 그 이야기에는 음식을 담는 그릇에 관한 부분이 있습니다. 제가 수학을 좋아해서 아이들에게 이 이야기를 읽어줄 때마다 이렇게 질문하곤 했습니다.

"여우가 준 접시와 두루미가 준 호리병 중 어느 그릇의 들이가 더 클까요? 누가 더 큰지 어떻게 확인할 수 있을까요?"

한 아이가 "호리병에 음식을 넣기가 힘드니까, 접시에 음식을 부어 넘치면 호리병이 더 큰 거 아닌가요?"라고 대답했는데, 맞는 말입니다. 들이 단원은 그렇게 쉽게 생각하면 됩니다. 아이들이 너무 어려워한다면 집에서 다양한 그릇을 보여주며 비교해 보는 것도 좋은 방법입니다. 한 번에 이해하는 아이도 있지만, 그렇지 않은 아이도 있으니까요.

또한 이 단원에서는 L(리터)와 mL(밀리리터) 같은 생소한 단위들이 등장합니다. 우유병을 보면 그 차이를 알 수 있는데, 요즘 아이들은 우유병을 관찰할 시간이 적어 단위 차이를 잘 모르는 경우가 많습니다. 아이들과 함께 마트에 가서 다양한 단위를 직접 보고 경험하는 것도 좋습니다.

무게 단원도 마찬가지입니다. 양팔저울 문제가 나오는데, 실제 양팔저울을 본 적 없는 아이들도 많습니다. 들이와 무게 단원을 단순한 계산 문제로만 여기지 말고, 다양한 실험과 체험을 통해 배우는 단원으로 생각한다면 아이들이 더 쉽게 다가갈 수 있을 겁니다.

자료의 정리

그동안 자료와 그래프 단원은 그저 지나가는 단원처럼 여겨졌지만, 이제부터는 그래프가 더 '자료답게', 더 '그래프답게' 보이기 시작합니다. 모든 아이들이 쉽게 풀 것이라 예상했는데, 생각보다 많은 아이들이 어려워했습니다. 이 아이들은 도표를 본 경험 자체가 적고, 그래프를 보고 결론을 도출하는 서술형 문제를 힘들어 했습니다.

보통 자료와 그림 그래프 단원의 마지막 문제는 '그림 그래프를 보고 어떻게 하면 좋을지 쓰고, 그 까닭을 적어 보세요.'라는 형태로 마무리되는데, 추론이 어렵고 쓰는 걸 싫어하는 아이들에겐 상당히 부담스러운 문제입니다. 이 부분은 단순히 수학에서만 나오는 게 아니라 사회, 과학 과목에서도 반복해서 만나게 되는 내용입니다. 그래서 문해력이 수학에서도 중요한 이유가 바로 여기에 있는지도 모릅니다.

초등 3학년이 배워야 할 공부 태도

초등 1학년과 2학년까지의 수학은 사실 숫자만 잘 다루면 문제를 풀 수 있었습니다. 대충 수를 읽고 간단히 계산하는 것만으로도 대부분 문제가 해결됐습니다. 하지만 3학년이 되면 상황이 달라집니다. 문제를 읽고, 이해하고, 상황을 해석한 뒤, 스스로 어떻게 풀어야 할지 계획할 수 있어야 합니다. 수학이 단순히 '계산'만 하는 과목이 아니라, '읽고 생각하는 과목'으로 변하는 첫 번째 문턱이 바로 3학년입니다.

3학년 수학은 단순 계산 문제보다 상황을 설정하고 조건을 읽어 풀이 방법을 정하는 문제가 많아집니다. 이때부터 아이들의 문해력 차이가 서서히 드러나기 시작합니다. 문해력이 약한 아이는 문제를 끝까지 읽지 못하거나 핵심 조건을 놓쳐 수학을 버거워 하게 됩니다. 반면 문제를 차분히 읽고 이해할 수 있는 아이들은 조금 복잡한 문제도 자신 있게 도전합니다. 이런 차이가 쌓여 4, 5학년이 되면 수학 자신감과 성취도에서 큰 차이를 낳게 됩니다.

그래서 3학년에서 아이가 꼭 배워야 할 것은 '더 빠른 계산'이 아니라 '문제를 읽고 이해하며 해석하고 스스로 계획 세우는 힘'입니다. 문제 조건을 차분히 읽고 어떤 계산이 필요한지 고민하며, 막히면 다시 문제를 읽으며 방향을 찾아가는 습관이 아이의 이해력과 사고력을 키워줍니다. 이런 작은 훈련이 수학뿐 아니라 앞으로 모든 과목의 기반이 되어줄 것입니다.

3학년 수학은 아마도 아이에게 이렇게 말해 주는 시간이 아닐까 싶습니다.

"정답을 빨리 찾는 것보다, 문제를 제대로 읽고 끝까지 생각해 보는 게 훨씬 더 중요해."

아이의 작은 고민을 응원해 주세요. 조금 느려도 괜찮고, 시간이 좀 더 걸려도 괜찮습니다. 지금부터 키워야 할 것은 '빠른 정답

찾기'가 아니라 '천천히 읽고 생각하는 깊은 힘'입니다. 이 힘이 4학년, 5학년, 그 이후까지 아이의 수학 실력을 이끌 가장 큰 원동력이 될 것입니다.

3학년이 되기 전 필수 준비 학용품

3학년 수학을 준비하는 겨울방학 학습만큼 중요한 것이 학용품 연습입니다. 특히 자와 컴퍼스 사용은 미리 익혀 두면 3학년 수학 시간을 훨씬 수월하게 시작할 수 있습니다.

컴퍼스는 생각보다 아이들에게 어려운 도구입니다. 작은 원부터 큰 원까지 매끄럽게 한 번에 그리기란 아이들에겐 쉬운 일이 아닙니다. 돌리다 벌어지고 침이 미끄러져 원이 삐뚤어지면 금세 짜증이 나거나 포기하고 싶어 하기도 합니다. 하지만 여러 번 시도해 익숙해지면 학교에서 원을 그릴 때 훨씬 자신감 있게 도전할 수 있습니다.

컴퍼스와 자는 단순 학용품이 아닌 아이의 수학 자신감을 키우는 중요한 도구입니다. 겨울방학 동안 자로 길이 재기, 컴퍼스로 원 그리기를 편하게 연습하면 3학년 수학 시작이 훨씬 순조로울 것입니다.

아이들이 쓰기 좋은 컴퍼스 고르는 팁

묵직한 것	가벼운 컴퍼스는 미끄러워 중심 잡기 어렵습니다. 적당한 무게감 있는 컴퍼스가 돌리기 편합니다.
가운데 조절 레버	크기를 조절하는 나사가 있으면 돌리는 중 컴퍼스가 벌어지거나 줄어드는 걸 막아줍니다.
보관 케이스	컴퍼스 침은 매우 뾰족하니 케이스가 있어야 안전하게 보관할 수 있습니다.

4학년 단원 로드맵

초등 4학년이 되면 수학이 어렵다고 느끼는 아이들이 나오기 시작합니다. 1~3학년까지는 이미 알던 내용의 확장에 약간의 새로운 개념이 더해지는 수준이었다면, 4학년부터는 좀 더 깊이 있게 수학을 탐구하는 시기로 들어갑니다. 1~3학년까지 이어온 '계산 중심 수학'을 넘어서, 도형, 분수, 소수 등 새로운 수학 영역으로 본격 진입하는 단계가 시작됩니다.

이 시기는 아이들에게 낯설고 어렵게 느껴질 수도 있지만, 방향만 잘 잡는다면 4학년 수학도 생각보다 쉽게 넘어갈 수 있습니다.

4학년 교과 과정

4-1	4-2
1. 큰 수	1. 분수의 덧셈과 뺄셈
2. 각도	2. 삼각형
3. 곱셈과 나눗셈	3. 소수의 덧셈과 뺄셈
4. 평면도형의 이동	4. 사각형
5. 막대그래프	5. 꺾은선 그래프
6. 규칙 찾기	6. 다각형

4학년 1학기

큰 수

4학년에서는 '큰 수' 단원이 등장합니다. 1,000, 1만을 넘어 억, 조 단위까지 배우게 되는데, 초등 시절 만나는 가장 큰 단위의 수들이라고 할 수 있습니다. 읽고 쓰기 연습을 충분히 해 주는 것이 중요합니다.

각도

각도 단원에서는 각도기를 사용해 각을 읽기 시작합니다. 생각보다 아이들이 각도기 사용법을 잘 모르는 경우가 많습니다. 집에 각도기를 하나 준비해 두시고 문제집을 풀 때마다 사용하게 하면 도구를 더 편하게 다룰 수 있게 됩니다.

이때 '예각, 둔각'이라는 용어가 나오는데 기준은 직각입니다. 직각보다 작으면 예각, 직각보다 크면 둔각입니다. 이런 용어들도 아이들이 잘 기억할 수 있도록 설명해 주세요.

특히 삼각형, 사각형 내각의 합은 앞으로 나올 모든 도형 공부의 기초가 됩니다. 도형의 각을 구하는 문제에서는 이 부분을 당연히 알고 있다고 생각하고 문제를 내기 때문입니다. 그러니 각도 단원의 모든 내용을 아이가 확실히 기억하고 있는지 확인하고 넘어가는 것이 중요합니다.

곱셈과 나눗셈

연산의 비중이 줄어든 만큼 연산의 난이도는 올라갔습니다. 곱셈과 나눗셈에서는 '세 자릿수 × 두 자릿수', '세 자릿수 ÷ 두 자릿수'를 배우게 됩니다.

특히 카드 문제로 등장하는 '계산 결과가 가장 큰 세 자릿수 × 두 자릿수' 구하기나 '몫이 가장 큰 나눗셈' 구하기 같은 활동은 아이들이 유독 힘들어 하는 부분입니다. 대부분 아이가 어려워하는 부분이니 참고해서 꼼꼼히 지도해 주시면 좋겠습니다.

평면도형의 이동

이제 진짜 어려운 단원이 나타납니다. 집에서 지도하는 대부분의 부모님이 싫어하는 '평면도형의 이동' 단원입니다. '오른쪽으로 90도',

'왼쪽으로 90도'라는 말만 들어도 벌써 어지러운 기분이 드는데요. 도형을 머릿속에서 움직인다는 것이 생각보다 쉽지 않기 때문입니다. 투명 포스트잇이나 도구의 도움을 받기도 하지만, 시험을 볼 때는 결국 그런 도구들을 쓸 수 없습니다.

그래서 생각하는 방법을 알려주는 것이 중요합니다. 기준점을 정하거나 기준선을 그리는 등 문제를 풀기 위한 방법을 익혀, 가능한 교구 없이 해결하는 연습을 해 보는 것이 필요합니다.

단원 마무리 확인 질문들

단원이 끝난 후 아이와 자연스럽게 질문하며 잘 이해했는지 확인해 볼 수 있는 질문 리스트를 제공합니다. 4학년부터는 수학 내용을 오래 기억해야 하므로 확인용으로 활용해 보시면 좋을 것 같습니다. 만약 아이가 대답을 잘 못한다면 다시 돌아가 질문에 대한 답을 찾아보면 되니, 너무 걱정하지는 마세요.

4학년 1학기를 위한 단원별 개념 질문 리스트

큰 수	"10000은 1000이 몇 개 모인 수일까?" "1억은 몇 개의 10000으로 이루어졌을까?" "5000000과 500000은 어떻게 다를까?" "1조를 숫자로 써 볼 수 있을까?"
각도	"예각은 어떤 각일까?" "둔각은 어떤 각일까?" "삼각형 세 내각의 합은 얼마일까?" "사각형 세 내각의 합은 얼마일까?"
곱셈과 나눗셈	"125 × 6을 계산할 때 어떤 순서로 해야 정확할까?" "642 ÷ 3은 어떤 식으로 풀 수 있을까?" "나눗셈을 했는데 나머지가 생기면 무슨 뜻일까?" "나눗셈과 곱셈은 어떤 관계가 있을까?"
평면도형의 이동	"도형을 오른쪽으로 90도 돌리면 모양이 어떻게 변할까?" "도형을 뒤집으면 어떤 점이 달라질까?" "이동과 회전은 어떻게 다른 걸까?" "도형을 이동했을 때 크기가 변할까?"
막대그래프	"막대그래프는 왜 사용할까? 어떤 점이 좋아?" "그래프를 그릴 때 먼저 해야 할 일은 뭘까?" "만약 눈금을 제멋대로 정하면 어떤 문제가 생길까?"
규칙 찾기	"= 는 어떤 의미일까?" "1이 2배씩 커지면 다섯째 값은 얼마일까?"

4학년 2학기

분수의 덧셈과 뺄셈

2학기가 시작되자마자 아이들은 분수의 덧셈과 뺄셈을 배웁니다. 신기하게도 이전에 분수를 배웠음에도 불구하고, 분모끼리 빼서 0을 쓴다거나 계산을 어려워하는 아이들이 생깁니다. 분수 자체를 잊어버린 아이들도 있을 겁니다.

4학년 1학기에 분수를 다루지 않기 때문일까요? 너무 당황하지 마시고 아이와 다시 공부한다고 생각하시면 됩니다. 분수의 덧셈과 뺄셈 단원이지만, 잊어버린 아이들을 위해 분수의 기본 개념을 다시 확실히 잡고 시작하면 훨씬 수월하게 진행할 수 있습니다.

삼각형

2단원에서는 삼각형을 배웁니다. 이 단원은 어쩌면 훗날 피타고라스 정리와 삼각비까지 이어지는 첫 시작이 아닐까 생각합니다. 이등변삼각형, 정삼각형 등을 배우고 도형의 성질에 대해 공부하게 되죠.

아이들이 특히 헷갈려하는 부분은 '정삼각형은 이등변삼각형이기도 하지만, 이등변삼각형이 모두 정삼각형은 아니다.'라는 사실입니다. 이렇게 도형의 포함 관계가 시작되면 정의를 제대로 기억하는 아이와 그렇지 못한 아이의 차이가 드러나기 시작합니다. 그래서 도형에 대한 정확한 이해와 기억이 중요합니다.

소수의 덧셈과 뺄셈

소수의 덧셈과 뺄셈도 나오는데, 이 단원에서는 소수점 세 자리까지 다룹니다. '소수 둘째 자리', '소수 셋째 자리' 같은 자릿값도 제대로 익혀야 합니다.

$1\frac{254}{1000}$ 을 소수로 바꾸면 1.254 라 쓰고 '일 점 이오사'라고 읽습니다. 여기서 1이 1개, 0.1이 2개, 0.01이 5개, 0.001이 4개입니다.

위 내용은 가장 기본적인 개념을 담고 있지만, 그 안에는 많은 의미가 들어 있습니다. 분수를 소수로 바꿨을 때 어떻게 표현되는지, 대분수의 자연수 부분이 소수에서는 어느 부분에 해당하는지, '0.01이 5개'라고 표현한 부분이 소수에서 어떤 의미이며 어느 정도 값을 갖는지 등을 다 포함하고 있습니다.

덧셈과 뺄셈을 할 때도 기억해야 할 중요한 점이 있습니다. 바로 소수점 자릿수를 맞춰서 찍는 것입니다. 계산 방식 자체는 그동안 배운 것과 크게 다르지 않지만, 마지막에 소수점을 정확히 찍어 마무리해야 하는데 이 부분을 놓치는 아이들이 상당히 많습니다. 소수점을 누구나 알아볼 수 있도록 또렷하게 찍는 연습도 필요합니다.

사각형

사각형 단원에서는 '수직'과 '수선'이라는 말이 등장하는데, 어른이 봐도 꽤 어려운 단어입니다.

수직(垂直) : '드리울 수', '곧을 직'

국어사전 해석	똑바로 드리우는 상태.
수학적 정의	두 직선이 만나 이루는 각이 직각일 때, 두 직선은 서로 수직이라고 한다.

수선(垂線) : '드리울 수', '줄 선'

국어사전 해석	일정한 직선이나 평면과 직각을 이루는 직선.
수학적 정의	한 직선에 대해 수직인 직선.

상당히 어려운 단어죠. 아이들 입장에서 이런 표현을 이해하는 것이 쉽지 않습니다. '평행'이라는 단어도 나오는데, 수학에서는 수직만큼 중요한 개념입니다. 또 평행사변형, 마름모 등 다양한 사각형이 등장하니, 이 사각형들의 성질을 잘 기억할 수 있도록 공부하는 것이 중요합니다.

꺾은선그래프

꺾은선그래프에서는 어떤 그래프를 꺾은선으로 그리고 막대그래프로 그리는지 구분하는 걸 기억해 두면 좋습니다. 자료의 수량을 비교할 때는 막대그래프가 좋고, 변화를 알아볼 때는 꺾은선그래프가 더 적합합니다.

분명 책에 나오는 내용이지만 이걸 기억하는 아이들은 많지 않습니다. 그저 '그래프는 그래프지 뭐~' 하는 생각으로 문제만 풀다 보니 적절한 순간에 활용할 줄 모르게 되는 것입니다. 그래프 단원은 나중에 사회 과목을 공부할 때도 필요한 부분입니다. 그래프 해석을 못하면 사회 과목도 어렵게 느껴질 수 있다는 의미입니다.

다각형

다각형 부분에서는 다양한 다각형과 대각선을 배우게 됩니다. 또한 패턴블록이라는 도형을 이용한 문제들이 등장하는데, 도형 조각을 사거나 요즘은 스티커로 된 것도 판매합니다. 아이들과 교구를 활용하면 좀 더 흥미롭게 배울 수 있는 부분이니, 쉬어가는 느낌으로 재미있게 지나가는 것도 충분합니다.

초등 4학년이 배워야 할 공부 태도

초등 4학년 수학은 단순히 계산만 잘한다고 끝나는 과정이 아닙니다. 이 시기부터는 계산력 위에 개념을 정확히 읽고, 이해하고, 기억하는 힘을 키워야 합니다.

"이등변 삼각형이 뭐지?"

"평행 사변형은 어떤 성질이 있지?"

이런 질문에 아이가 스스로 답할 수 있어야 합니다. 그저 문제를 풀 줄 아는 게 아니라, 개념을 자신의 언어로 설명할 수 있는 아이가 되어야 합니다. 그래서 4학년 수학은 '얼마나 많은 문제를 풀었는가?'보다 '얼마나 정확히 이해했는가?'가 더 중요해집니다.

많은 부모님들이 묻습니다.

"개념노트를 써야 하나요?"

"공책에 정리해야 하나요?"

하지만 현실을 돌아보면 이미 매일 문제 풀기에도 시간이 빠듯합니다. 아이에게도, 부모에게도 모두 부담이 커질 수 있습니다. 개념노트까지는 하지 않아도 괜찮습니다. 수학은 무조건 많이 쓰고 많이 외운다고 잘하게 되는 과목이 아니거든요. 그 대신 이렇게 해 주세요.

① 문제를 풀기 전, 함께 교재의 개념 설명을 다시 읽어 주세요.

② 문제를 풀면서 틀렸다면 "개념을 어디서 헷갈렸을까?"라고 물으며 함께 찾아 주세요.

③ 문제를 다 풀고 나서는 가끔 "이등변삼각형이 뭐였지?", "사각형은 어떤 기준으로 나눌 수 있었을까?" 등등 가볍게 물어봐 주세요.

아이의 입에서 개념이 자연스럽게 흘러나오는 것! 그것이 진짜 4학년 수학의 힘입니다. 4학년은 수학 개념을 내 것으로 만드는 첫 번째 시기입니다. 이때 정확히 개념을 잡고 가는 아이들은 5학년, 6학년, 그리고 중학교 수학까지 힘차게 넘어갑니다. 반대로 이 시기에 애매하게 외워버리거나 잘못 기억하고 가면 고학년으로 갈수록 수학이 어려워지고, 나중에는 '수포자'로 이어질 위험도 커집니다.

아이들이 가는 길이 너무 어렵고 복잡해 보일 때, 우리는 거창한 목표를 세우는 대신 이렇게 다짐하면 됩니다.

"오늘 하루, 개념 하나만 제대로 기억하자."

오늘 하루 삼각형 하나를 정확히 이해했다면, 오늘 하루 평행사변형 하나를 명확히 구별했다면 그걸로 충분합니다. 수학도 결국에는 하나하나 정확히 쌓아 올리는 과정이니까요.

수학도 외워야 합니다. 하지만 억지로 쥐어짜듯 외우게 하지 마세요. 아이의 입에서 자연스럽게 개념이 나올 때까지 읽어 주고, 물어봐 주고, 기다려 주는 것. 그것이 부모가 함께 해줄 수 있는 최고의 수학 교육입니다. 4학년 수학, 함께 단단하게, 따뜻하게, 그렇게 시작해 봅시다.

4학년 2학기를 위한 단원별 개념 질문 리스트

분수의 덧셈과 뺄셈	"$2 - \frac{1}{3}$ 을 계산할 수 있을까?" "$\frac{1}{12}$ 이 9인 수와 $\frac{1}{12}$ 이 3개인 수의 차이는 얼마일까?" "대분수와 가분수는 계산할 수 있을까?"
삼각형	"이등변 삼각형은 어떤 삼각형이야?" "정삼각형은 어떤 특징이 있어?" "직각삼각형에는 왜 꼭 직각이 하나 있어야 할까?"
소수의 덧셈과 뺄셈	"1이 1개, 0.1이 2개, 0.01이 5개, 0.001이 4개인 수는 뭘까?" "0.01이 15개 있으면 어떻게 표현할 수 있을까?" "$2\frac{245}{1000}$ 을 소수로 나타낼 수 있을까?"
사각형	"평행 사변형은 어떤 성질을 가진 사각형일까?" "마름모와 정사각형은 어떻게 다를까?" "사각형을 분류할 때 어떤 기준으로 나눌 수 있을까?"
꺾은선 그래프	"꺾은선그래프는 어떤 정보를 보여주려고 하는 걸까?" "막대그래프랑 꺾은선 그래프는 무엇이 다를까?" "꺾은선그래프에서 올라가는 구간은 무슨 뜻일까? 내려가는 구간은?"
다각형	"다각형이 되려면 꼭 필요한 조건은 뭘까?" "삼각형과 사각형은 모두 다각형일까?" "대각선은 모든 도형에 있을까?"

5학년
단원 로드맵

 5학년 수학은 초등 전체 과정 중 가장 중요하다고 볼 수 있습니다. 초등 5학년 수학은 중학교 수학을 준비하는 핵심 학년이기 때문입니다. 어렵고, 힘들고, 때로는 이해가 안 가서 너무 더디게 진행되기도 합니다. 절대로 가볍게 넘어가서는 안 되는 이유가 바로 여기에 있습니다.

 지금까지는 하루하루 계획을 세워 착착 나아갈 수 있었지만, 5학년부터는 늘 가던 속도와 다르게 진행되기도 합니다. 계획대로 되지 않는 수학에 모두가 당황하지만, 저는 이것이 당연하다고 생각합니다.

 "왜 이렇게 힘들지?"

"우리 아이만 이런 걸까?"

5학년 수학은 원래 힘든 게 맞습니다. 그러니 이제부터는 훨씬 더 진지한 마음으로 함께 걸어가야 합니다.

5학년 교육 과정

5-1	5-2
1. 자연수의 혼합 계산 2. 약수와 배수 3. 규칙과 대응 4. 약분과 통분 5. 분수의 덧셈과 뺄셈 6. 다각형의 둘레와 넓이	1. 수의 범위와 어림하기 2. 분수의 곱셈 3. 합동과 대칭 4. 소수의 곱셈 5. 직육면체 6. 평균과 가능성

5학년 1학기

자연수의 혼합 계산

5학년 1학기 초반에는 자연수의 혼합계산을 다루게 됩니다. 덧셈, 뺄셈, 곱셈, 나눗셈 모두 이미 배운 연산이죠. 겉으로 보기엔 "별거 아니네." 싶지만, 진짜 중요한 것은 계산 순서입니다. 곱셈과 나눗셈을 덧셈, 뺄셈보다 먼저 해야 하고, 괄호가 있으면 괄호부터 계산해야 합니다.

하지만 아이들은 순서대로 계산하기를 참 싫어합니다. 눈에 먼저 보이는 것부터 편하게 계산하려 하고, 규칙을 무시하기 쉽습니다. 이 시기에는 문제를 빨리 푸는 것보다 '계산 순서를 정확히 기억하고 적용하는 연습'이 더 중요합니다. 혼합 계산의 순서 감각은 나중에 중학교 1학년 정수·유리수 연산에도 그대로 이어지니, 지금 제대로 잡아 둬야 합니다.

약수와 배수

5학년 1학기의 진짜 고비는 약수와 배수 단원입니다. 약수와 배수 개념을 이해하지 못하면 약분도 힘들고, 통분도 어려워져 결국 분수의 덧셈과 뺄셈도 힘들어집니다.

약수와 배수는 그냥 외우는 게 아니라 어떤 수가 다른 수와 어떤 관계를 가지는지를 이해해야 합니다. 하지만 아이들은 이 과정을 대단히 귀찮아합니다. 연습이 필요하고, 생각도 해야 하며, 반복도 해야 하기 때문입니다.

분수의 덧셈과 뺄셈

수학은 학년이 올라갈수록 해야 할 일이 많아집니다. 5학년은 그 첫 번째 고비입니다. 아이들이 귀찮아하고 힘들어하는 것은 당연하지만, 한 번 숙달되기 시작하면 분수 계산은 훨씬 수월해집니다.

"어? 할 만한데?" 하는 5학년 1학기를 만들려면 '약수와 배수 → 약분과 통분 → 분수의 덧셈과 뺄셈'으로 이어지는 이 황금 라인을 제대로 숙지하는 것이 무엇보다 중요합니다. 하나가 약하면 다음도 무너지고, 반대로 하나를 정확히 이해하면 다음이 훨씬 쉬워집니다.

약수와 배수를 이해했다면 자연스럽게 약분, 통분을 할 수 있어야 하고, 그렇게 연결해 분수 계산을 정확히 해야 합니다. 이 황금 라인을 반드시 연결해 익숙하게 만들어 주시기를 바랍니다.

다각형의 둘레와 넓이

그럼 도형은 쉬울까요? 도형도 절대 가볍게 보시면 안 됩니다. 5학년 1학기 도형은 공식을 외워야 하는 첫 번째 관문이 시작되었다고 볼 수 있습니다. 다각형의 둘레 구하기는 어렵지 않지만, 넓이를 구하는 부분에서는 공식을 제대로 외우지 않으면 힘들어집니다.

아이들은 종종 넓이 공식을 헷갈려 실수를 반복합니다. 특히 사각형, 삼각형, 평행 사변형, 마름모, 사다리꼴의 넓이 공식은 꼭 정확하게 외워야 합니다. 도형 넓이 공식은 외우는 것을 두려워하지 마세요. 반복해서 아이의 입에서 자연스럽게 나오게 만들어 주시면 좋습니다. 가장 좋은 방법은 문제를 풀 때마다 공식을 적어 보는 것입니다.

다음 마름모의 넓이를 구하시오

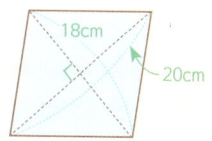

이런 문제가 주어졌다고 생각해 봅시다. 그럴 때 입으로 "한 대각선의 길이 × 다른 대각선의 길이 ÷ 2"라고 먼저 말하고 '18 × 20 ÷ 2'라고 적어 푸는 것입니다. 문제를 풀 때마다 말하기 때문에 수없이 반복할 것이고, 그럼 잊어버릴 리가 없습니다.

5학년 2학기

수의 범위와 어림하기

5학년 2학기는 상대적으로 좀 쉬운 느낌이 듭니다. 1학기가 너무 힘들었기 때문에 그렇게 느껴질 수도 있고, 실제로 많이 숙달되어서 쉬울 수도 있습니다.

이상과 이하, 초과와 미만은 일상생활에서도 꽤 많이 쓰는 단어입니다. 국어 시간에도 자주 등장하는 수학 용어인 만큼 제대로 이해해 두는 것이 필요합니다. 또한 용어에 맞게 수직선 위에 그림을 그릴 수 있어야 하는데, 생각보다 그림을 잘 못 그리는 아이들도 많습니다.

분수의 곱셈

2단원에 나오는 분수의 곱셈은 1학기 분수의 덧셈과 뺄셈보다는 상대적으로 훨씬 쉬운 느낌입니다. 계산이 간편해졌기 때문입니다.

그런데 이 단원에서 반드시 기억해야 할 것이 있습니다. 바로 약분해서 적어야 한다는 점입니다. 많은 아이들이 계산 후 약분하지 않고 답을 제출하는 경우가 많습니다. 1학기 때 약분을 배웠기 때문에 따로 말이 없더라도 약분한 값을 적어야 한다는 것을 꼭 기억해 주세요.

합동과 대칭

3단원에서는 합동이 나오며, 합동의 성질까지 잘 기억해 두어야 합니다. 선대칭과 점대칭 도형이 나오는데, 둘의 차이가 무엇인지, 어떻게 그려야 하는지 알아두면 훨씬 재미있는 도형 시간이 될 수 있습니다.

소수의 곱셈

소수의 곱셈도 기존 곱셈에 소수점만 추가된 느낌입니다. 그런데 꽤 많은 아이들이 소수점을 어디에 찍어야 할지 우왕좌왕하지요. 소수점의 위치를 제대로 찾는 것을 목표로 연습해야 합니다.

직육면체

직육면체에서는 겨냥도와 전개도가 나옵니다. 겨냥도와 전개도의 차이를 제대로 알 수 있도록 공부해야 하고, 실선과 점선을 혼용해 사용하는 아이들이 있는데 선의 구별은 반드시 해야 하는 일입니다.

평균과 가능성

의외로 아이들이 어려워하는 단원은 6단원인 평균과 가능성인 것 같습니다. '불가능하다.', '~아닐 것 같다.', '반반이다.', '~일 것 같다.', '확실하다.' 이런 표현들은 설문조사 때 자주 등장하는 말들입니다. 이 표현들이 대략 어느 정도의 확률을 나타내는 말인지, 어떤 느낌으로 표현해야 하는지를 배우게 되는데요. 수학이지만 문해력이 엄청나게 필요한 영역입니다.

'일이 일어날 가능성'이란 말 자체가 어쩌면 우리가 수학을 배우는 이유 중 하나인지도 모릅니다. 어떤 일이 일어날 가능성을 따지고 매 순간 선택을 해야 하는 인생에서 수학이 주는 메시지는 이런 곳에 있지만, 우리는 늘 연산에만 초점이 맞춰져 있거든요. 이 단원에서 아이들과 수학의 즐거움을 발견하셨으면 합니다.

초등 5학년이 배워야 할 공부 태도

초등 5학년 수학을 시작하는 아이에게 꼭 필요한 것은 '정도를 걷는 태도'입니다. 계산을 정확히 하는 것도, 많은 문제를 푸는 것도 물론 중요하지만, 무엇보다 5학년부터는 수학을 대하는 마음가짐이 완전히 달라져야 합니다.

먼저, 계산은 정확히 하되 반드시 순서를 지켜야 합니다. 편한

대로, 눈에 보이는 대로 푸는 게 아니라 수학이 정해 놓은 약속을 지키며 문제를 풀어야 합니다. 수학은 결국 약속을 지키는 과목이라는 사실을 아이가 스스로 받아들이도록 도와 주세요.

또한 5학년부터는 귀찮음을 견디는 힘이 필수입니다. 약수와 배수, 약분과 통분, 분수의 덧셈과 뺄셈처럼 반복적이고 지루한 연습이 필요한 단원들이 줄지어 등장합니다. 아이는 이 과정이 귀찮고 지루할 수밖에 없습니다. 하지만 이 귀찮음을 견디고 반복한 만큼, 수학은 탄탄해집니다.

모르면 다시 보고, 틀리면 다시 생각하는 힘도 키워야 합니다. 한 번 틀렸다고 좌절하지 않고 왜 틀렸는지를 스스로 찾아보는 연습이 필요합니다. 틀린 문제를 고치면서 배우는 것, 그것이 진짜 공부입니다.

여기에 더해 개념을 스스로 설명할 수 있는 힘도 길러야 합니다. 이등변삼각형은 무엇이고, 약수와 배수는 어떻게 다른지, 분수끼리 계산할 때 분모를 맞추는 이유가 무엇인지, 아이가 자신의 말로 자연스럽게 설명할 수 있어야 합니다. 문제를 맞혔느냐가 아니라, 개념을 입으로 풀어낼 수 있느냐가 중요해지는 시기입니다.

마지막으로, 빠르게 푸는 것보다 정확히 이해하는 것을 목표로 삼아야 합니다. 빠른 속도는 필요하지 않습니다. 느려도 괜찮습니다. 중요한 것은 한 문제를 풀더라도 정확히 개념을 이해하고, 왜 그렇게 푸는지까지 알고 넘어가는 것입니다. 수학은 양이 아니라 깊이입니다. 5학년은 바로 이 깊이를 키워가는 시기입니다.

수학 실력은 재능이 아니라 태도가 만듭니다. 지금 이 시기에 아이에게 줄 수 있는 가장 큰 선물은, 결국 좋은 수학적 태도를 함께 만들어 주는 것입니다.

반항 가득한 눈빛의 5학년, 집에서 지도가 가능할까?

참 재미있는 일입니다. 공부를 본격적으로 시작해야겠다는 생각이 들 무렵, 아이를 불러 함께 공부하려 하면 어느 순간부터 아이의 눈빛이 예전 같지 않다는 걸 느끼게 됩니다.

오안수학을 운영하며 알게 된 사실 중 하나는, 대부분 아이들이 5학년이 되면 학업을 유지하는 속도가 현저히 떨어진다는 것입니다. 그간 아주 잘해 왔던 아이들도 5학년이 되면서 늘어지고, 잠도 많아지고, 핑계도 많아져요.

이 변화는 우리 아이가 갑자기 공부를 게을리해서도, 공부를 너무 많이 시켜서도 아닙니다. '사춘기'라는 손님이 찾아온 것일 뿐입니다. 조금 늦게 오는 아이들도 있지만, 대부분 이 시기에 그 조짐이 서서히 보이기 시작합니다. 아이들의 눈빛이 달라지는 걸 부모도, 선생님인 저도 분명히 느끼게 되죠. 그리고 그 반항 가득한 눈빛 앞에서 "수학을 어떻게 시켜야 하지?", "아니, 공부 자체를 어떻게 해야 하지?" 하는 고민이 깊어집니다.

그런데 이 시기에는 변화를 주려 애쓰는 것보다, 오히려 하던 것을 그대로 유지하는 것이 가장 좋습니다. 늘 하던 루틴을 유지하고, 다니던 학원이 있다면 그대로 다니게 하고, 새로운 자극이나 변화를 주기보다는 아이를 믿고 조용히 기다려 주는 것, 그것이 가장 좋은 방법입니다.

신기한 것은 그렇게 5학년을 지나 6학년이 되면 아이들이 언제 그랬냐는 듯 다시 돌아오는 경우가 많다는 점입니다. 그리고 저는 부모가 믿어 주고 기다려 준 아이가 더 긍정적이고 단단한 방향으로 성장하는 모습을 수없이 많이 보아 왔습니다. 물론 모두가 그런 것은 아니지만, 믿어 주지 않은 아이, 기다려 주지 않은 아이는 스스로 다시 일어서는 데 더 오래 걸립니다.

5학년 시기는 '집에서 수학이 되냐, 안 되냐?'를 고민할 때가 아닙니다. 이 아이를 내가 믿어줄 수 있는가를 생각할 때입니다. 내 몸이 내 마음대로 되지 않는 그 혼란스러운 시기에 부모님보다 아이 스스로가 훨씬 더 힘듭니다. 사회적인 눈이 열리고, 자존심도 생기고, 누구보다 공부를 잘하고 싶은 마음이 아이 안에 분명히 있습니다. 다만 몸과 마음이 그걸 따라 주지 않을 뿐입니다.

그러니 아이를 혼내거나 다그치지 말고, 조금만 더 기다려 주세요. 조금만 더 믿어 주세요. 그 기다림과 믿음이 결국 아이를 다시 일으켜 세울 것입니다.

그리고 수학 선생님으로서 작은 당부를 드리자면, 5학년 수학을 미리 준비해 두시면 좋겠습니다. 5학년 수학은 특히 어려우니까, 조금이라도 일찍 선행 학습을 해두면 아이가 사춘기로 인해 몸과 마음이 방황하는 시기에도 부모님이 덜 걱정되실 겁니다. 이미 진도를 어느 정도 나가 둔 상태라면, 훨씬 마음이 편하지 않을까요?

6학년
단원 로드맵

    초등학교 6학년 수학은 5학년에서 배운 내용을 이어받으면서 동시에 중학교 1학년 2학기 과정과도 긴밀하게 연결되어 있습니다. 즉, 초등 수학을 마무리하는 총정리 단계라 할 수 있습니다. 따라서 6학년 수학을 공부할 때는 '중학교 진학을 앞두고 미리 준비한다.'는 마음가짐으로 접근하는 것이 좋습니다. 다소 번거롭게 느껴지는 연산 학습도 이 시기가 사실상 마지막입니다. 중학교에서는 문자를 활용한 수학으로 넘어가기 때문에, 지금과 같은 형태의 반복 계산은 줄어들게 됩니다.

    하지만 그렇다고 연산 학습을 소홀히 해서는 안 됩니다. 지나치게 많은 시간을 들일 필요는 없지만, 문제를 해결하는 과정은 꼼꼼하게 점검해야 합니다. 이제 학기별로 어떤 내용을 중심으로 다루게 될지 구체적으로 살펴보겠습니다.

6학년 교육 과정

6-1	6-2
1. 분수의 나눗셈 2. 각기둥과 각뿔 3. 소수의 나눗셈 4. 비와 비율 5. 여러 가지 그래프 6. 직육면체의 부피와 겉넓이	1. 분수의 나눗셈 2. 소수의 나눗셈 3. 공간과 입체 4. 비례식과 비례배분 5. 원의 넓이 6. 원기둥, 원뿔, 구

6학년 1학기

분수의 나눗셈

분수의 나눗셈은 생각보다 어렵지 않습니다. 앞에서 배운 분수 연산에 비하면 오히려 쉽게 느껴질 수도 있습니다. 다만 헷갈리기 쉬운 부분이 있습니다. 바로 '자연수 ÷ 자연수'의 경우입니다. 지금까지는 나머지를 구했지만, 이제는 이를 분수로 표현합니다. 어떤 학생들은 "그동안 나눗셈을 왜 그렇게 어렵게 배웠을까, 이렇게 간단한데…." 하고 허탈해하기도 하지만, 사실 나눗셈의 원리를 제대로 배웠기 때문에 분수 나눗셈이 이해되는 것입니다.

또한 '대분수 ÷ 자연수'를 계산할 때는 대분수를 가분수로 바꾼 뒤 계산해야 편합니다. 이 과정에서 실수를 하기 쉬우므로 충분히 연습하는 것이 필요합니다.

$$3\frac{2}{5} \div 2$$

① 그냥 계산하기

$$3\frac{2}{5} \div 2$$
$$= 3 \div 2 + \frac{2}{5} \div 2$$
$$\frac{3}{2} + \frac{1}{5}$$
$$= \frac{15}{10} + \frac{2}{10} = \frac{17}{10}$$

② 가분수로 변경해서 계산하기

$$3\frac{2}{5} \div 2$$
$$= \frac{17}{5} \times \frac{1}{2} = \frac{17}{10}$$

각기둥과 각뿔

이 단원에서는 용어 정리가 중요합니다. 각기둥과 각뿔의 특징, 모서리의 개수 등은 중학교 과정에서도 계속 다루어지는 개념입니다. 특히 각기둥의 전개도는 이후 도형의 겉넓이를 구할 때 매우 유용하게 쓰입니다.

만약 전개도를 그리는 것이 어렵다면, 문제집에 실린 전개도를 복사해 실제 모형을 만들어 보는 것도 좋은 학습 방법입니다.

소수의 나눗셈

소수의 나눗셈은 초등학교 과정에서 거의 마지막으로 만나게 되는 큰 연산 단원입니다. 워낙 지루하게 반복되는 과정이다 보니, 아이들이 종종 소수점을 아무 곳에나 찍거나 대충 계산해 버리는 경우가 많습니다. '연산은 이미 다 했으니, 소수점만 찍으면 된다.'는 생각 때문이죠. 그러나 이 단원에서는 소수점을 정확히 찍는 것이 무엇보다 중요합니다. 문제 해결의 성패가 여기에 달려 있습니다.

그래서 6학년 과정부터는 반드시 '필산(써서 풀기)'을 권합니다. 중학교에 올라가면 눈으로만 풀 수 없는 문제들이 많아지고, 작은 실수가 곧 실력의 차이가 되기 때문입니다. 이미 필산을 해온 학생이라면 지금처럼 계속하면 되고, 아직 해오지 않았다면 6학년부터는 반드시 모든 문제를 쓰면서 풀어야 합니다. '늘 하던 대로'가 중요한 학생도 있고, '이제부터는 새 습관을 가져야 한다.'는 학생도 있겠지만, 결론은 누구든 손으로 써서 풀어 실수를 줄여야 한다는 점입니다.

비와 비율

비와 비율 단원은 그 중요성을 아무리 강조해도 지나치지 않습니다. 수학에서 어느 하나 중요하지 않은 단원은 없지만, 이 단원은 특히 별표를 여러 개 쳐도 모자랄 만큼 핵심적인 내용입니다. 그 이유는 비와 비율의 개념이 초등학교에서 끝나는 것이 아니라, 중학교와 고등학교를 거쳐 수능 수학까지 이어지기 때문입니다.

우리가 일상에서 흔히 접하는 '몇 대 몇'이라는 표현도 사실은 비의 개념을 활용한 것입니다. 이처럼 생활 속에서도 쓰임이 많고, 이후 학습의 기초가 되기 때문에 반드시 정확히 이해해야 합니다. 비와 비율에서 가장 중요한건 '기준량'입니다.

$$비율 = 비교하는\ 양 \div 기준량 = \frac{비교하는\ 양}{기준량}$$

비율 개념만 봐도 알 수 있듯이, 비율을 나눗셈으로 표현할 줄 아는 것도 매우 중요합니다. 이 개념은 이후 수학 학습 전반에서 계속해서 활용되기 때문입니다.

또한 이 단원에서 배우는 백분율도 일상생활에서 매우 자주 사용하는 개념입니다. 그렇다면 백분율은 어디에서 쓰일까요? 실제 생활 속 사례를 찾아보면, 놀랄 만큼 다양한 곳에서 백분율이 활용되는 것을 알 수 있습니다. 아이들과 함께 주변에서 백분율이 사용되는 예를 찾아보고, 그 양을 직접 계산해 보는 활동은 수학을 더욱 흥미롭게 받아들이는 데 큰 도움이 될 것입니다.

여러 가지 그래프

늘 강조하듯이, 자료와 그래프는 결국 사회와 과학처럼 다른 교과와 매우 밀접하게 연결되어 있습니다. 이 단원들을 대충 넘어가면 사회 과목이나 과학 문제를 이해하는 데 어려움을 겪을 수 있습니다.

초등학교 수학은 단순히 수학 과목만의 학습이 아니라, 다른 과목과의 연계성을 고려하여 진행되고 있습니다. 어쩌면 그래서 수학을 잘하는 아이가 다른 과목도 잘한다는 말이 생겨났는지도 모릅니다.

직육면체의 부피와 겉넓이

마지막 단원에서는 직육면체의 부피와 겉넓이를 다룹니다. 이때 부피를 나타내는 단위 'cm^3', m^3'에 주목할 필요가 있습니다. '세제곱'이라는 개념은 이미 초등학교에서 접했기 때문에 낯선 내용이 아닙니다. 가끔 겉넓이를 구하는 것이 어렵다는 아이들이 있는데, 그럴 때마다 제가 하는 조언은 항상 같습니다.

"전개도를 그려 봐!"

전개도를 그려서 보이는 모든 면의 넓이를 구하면 그것이 곧 겉넓이입니다. 부피를 구할 때도 원리는 같습니다. 직육면체나 정육면체 모두 밑넓이에 높이를 곱하면 되므로 쉽게 기억하고 오래 활용할 수 있습니다.

6학년 2학기

분수의 나눗셈

첫 단원부터 '분수 ÷ 분수'가 등장합니다. 역수를 취해 계산하면 훨씬 쉽고 편리하지만, 왜 그렇게 해야 하는지 이해하지 못하는 아이들이 많습니다. 특히 '자연수 ÷ 단위분수'는 아이들이 이해하기 어려워하는 부분 중 하나입니다.

$$2 \div \frac{1}{2}$$

이런 식이 있다고 생각해봅니다. 아이들은 나누기를 '앞에 있는 수를 뒤의 개수만큼 나눈다.'고 배우지만, $\frac{1}{2}$만큼 나누는 것도 이해가 되지 않고 그 결과값은 더 이해가 되지 않습니다. 이때는 처음 나누기를 배웠던 순간으로 돌아가 질문해 보는 겁니다.

"2에서 $\frac{1}{2}$을 몇 번 빼야 0이 될까요? 4번 빼면 0이 되지요. 그래서 답은 4입니다."

이렇게 설명하면 아이들이 더 빠르고 명확하게 이해할 수 있습니다. 때로는 가장 기초적인 개념이 새로운 내용을 이해하는 열쇠가 되므로, 순차적으로 차근차근 배우는 것이 중요합니다.

소수의 나눗셈

그동안 '소수 ÷ 자연수'를 배웠다면 2단원에서는 '소수 ÷ 소수'가 등장합니다. 이때는 소수점을 조정한 뒤 연산을 시작해야 하는데, 이 과정을 대충 넘기는 아이들이 많습니다. 또한 소수 계산이 번거로워 분수로 바꾸어 계산하는 친구들도 있는데, 본인에게 편한 방법을 찾는 것은 오히려 좋은 일입니다.

이 단원은 아이들이 실수를 많이 하는 부분이라서 걱정이 많아지기도 합니다. 특히 중학교 진학을 앞둔 시점이라 더욱 그럴 수 있습니다. 그러나 다행인 점은, 중학교에서는 이렇게 복잡한 소수 계산을 많이 사용하지 않는다는 사실입니다. 얼마나 다행인가요?

공간과 입체

공간과 입체 단원에 나오는 쌓기나무 문제는 너무 중요하게 생각하지 않아도 됩니다. 이 부분에서 어려움을 겪는다고 해서 중학교 과정까지 문제되는 것은 아닙니다. 때로는 힘을 빼고 가볍게 넘어가는 것도 도움이 됩니다.

비례식과 비례배분

비와 비율을 배우고 드디어 비례식과 비례배분이 나왔습니다. 이 단원은 삼각비와 도형의 닮음을 배우기 위한 기초가 되는 중요한 내용입니다. '전항'과 '후항'이라는 용어와 함께 비의 성질을 배우는데, 수학에서 매우 중요한 성질 중 하나입니다.

'간단한 자연수의 비로 나타내시오.'라는 유형의 문제가 자주 나오니 꼭 숙지해야 합니다. 또한 비례식과 비례배분은 실생활에서도 많이 활용되므로, 이를 잘 다룰 수 있도록 지도하는 것이 중요합니다.

원의 넓이

그리고 원이 등장하죠. 원주와 원의 넓이를 구하는 공식이 나옵니다. 그런데 의외로 아이들이 '원주'라는 말이 원의 둘레라는 걸 잘 기억하지 못하는 경우가 많습니다. 문제에서 '원의 둘레를 구하시오.' 하면 잘 풀지만, '원주를 구하시오.' 하면 헷갈려 하는 표정을 짓기도 합니다.

중학교에 가면 '원주'라는 표현이 훨씬 더 자주 나오기 때문에, 어려운 용어라도 자주 접하게 해 주시고 자연스럽게 쓸 수 있도록 격려하는 게 필요합니다.

원기둥

원이 나오고 나면, 다음 단원에서는 곧바로 원기둥의 겉넓이와 부피를 구하게 됩니다. 만약 원의 둘레나 넓이를 구하는 공식을 제대로 기억하지 못한다면, 그 뒤 내용도 따라가기 어렵게 됩니다. 여기서 끝일까요? 아닙니다. 중학교에 가면 원과 관련된 도형이 다시 한 번 더 나옵니다. '도형이 원만 있는 거냐?'고 느껴질 정도로 말입니다.

소수점 계산까지 실수 없이 정확히 해낼 수 있는 연산력이 있다면, 중학교 수학이 훨씬 수월해질 겁니다. 그래서 저는 초등 6학년 때 반드시 연산 연습장을 쓰라고 강조합니다. 이 시기에 암산으로만 버티려 들면, 중학교에 가서도 암산 습관이 남아 진도 나가기가 매우 힘들어집니다.

초등 6학년 수학은 반드시 필산, 즉 손으로 직접 써 가며 풀어야 합니다. 한 문제, 한 문제를 대충 눈으로 넘기지 말고, 연습장에 또박또박 풀면서 계산을 완성하는 습관을 들이는 것이 가장 좋은 준비 방법입니다.

초등 6학년은 수학을 포기하는 시기가 아니라, 다시 다잡고 단단히 쌓아 올리는 마지막 기회입니다. 제대로 정리하고 마음가짐을 준비한 뒤 중학교 수학에 들어가는 것이 매우 중요합니다.

초등 6학년이 배워야 할 공부 태도

초등학교 6학년 수학은 단순히 진도를 나가는 것이 아니라, 지금까지 배운 모든 수학의 기본기를 다시 정리하고 스스로 다잡아야 하는 시기입니다. 따라서 6학년이 수학을 대하는 태도는 이전과 달라져야 합니다.

첫째, 빠르게 풀기보다 정확하게 푸는 데 집중해야 합니다.
계산 하나하나를 눈으로 대충 넘기지 말고, 반드시 손으로 써 가며 문제를 풀어야 합니다. 빠르게 맞추는 것보다도 정확한 풀이로 실수를 줄이는 것이 훨씬 더 중요합니다. 초등 마지막 학년인 6학년에서는 암산이 아니라 필산이 기본입니다. 특히 소수점 계산이나 분수의 나눗셈처럼 헷갈리기 쉬운 문제는 손으로 쓰면서 생각하는 습관을 반드시 길러야 합니다.

둘째, 계산 실수는 고칠 수 있다는 믿음을 가져야 합니다.
실수했다고 아이를 꾸짖기보다는 어디서 실수가 나왔는지 스스로 찾아보고, 같은 실수를 반복하지 않도록 연습시키는 것이 필요합니다. 실수는 아이의 능력 부족이 아니라, 관리의 문제입니다. 그러니 실수를 두려워하지 말고, 정확하게 관리하는 훈련을 꾸준히 하는 것이 중요합니다.

셋째, 귀찮고 복잡한 문제를 끝까지 풀어내는 연습을 해야 합니다.
5학년까지는 비교적 짧고 단순한 문제들이 많았지만, 6학년부터는 여러 단계가 섞인 복잡한 문제들이 등장합니다. 아이들은 때때로 문제를 대충 읽거나 중간에 포기하고 싶어 합니다. 그러나 이 시기에 필요한 태도는 '끝까지 읽고, 끝까지 풀어내는 힘'입니다. 포기하지 않고 끝까지 생각하는 힘이야말로 중학교 수학에서도 살아남는 힘이 됩니다.

느려도 괜찮으니 정확하게 끝까지!

마지막으로, 초등 6학년은 속도가 아니라 단단함을 목표로 삼아야 합니다. 빠른 진도나 문제 수에 연연하기보다, 지금까지 배운 사칙연산, 분수, 소수, 도형의 개념과 계산 방법을 확실히 자신의 것으로 만드는 것이 중요합니다. 6학년은 초등 수학의 마무리이자 중학교 수학으로 가는 징검다리입니다. 단단한 발판을 만들기 위해 지금은 '느려도 괜찮으니, 정확하게 그리고 끝까지'라는 마음가짐으로 수학에 임해야 합니다. 이런 태도와 습관이 6학년 수학을 잘 준비하는 길임을 잊지 말아야 합니다.

도형은 다른 부분과 달리 모든 개념을 기억하고 있어야 하는 교과입니다. 그래서 중학교 과정에 들어가기 전에 한 번 정리해 주는 것이 매우 중요합니다. 오안수학에서는 실제로 아이들이 사용해 보고, 좋은 성과를 거둔 도형 관련 교재를 엄선해 추천하고 있습니다. 이러한 자료를 통해 아이들이 개념을 확실히 다지도록 도와주는 것이 효과적입니다.

초등 6학년 도형 마무리를 위한 문제집 큐레이션

《초등 도형 21일 총정리》(시소스터디)

기본 개념과 문제로 구성되어 있어서, 초등을 완료했지만 중등 도형을 공부하기에는 걱정이 되는 친구들이 참고하면 좋습니다. 빠르게 정리하고 싶은 심화 도형을 하지 않은 기초 도형만 공부한 친구들에게 추천하는 책입니다.

《수능까지 이어지는 초등 고학년 수학》
기하 1-1, 1-2. 1-3(NE능률)

'수능까지 이어지는'이라는 제목에 맞게 중등 1학년 과정의 도형까지 수록되어 있습니다. 심화서를 본 친구들이 초등 마무리를 할 때 보면 좋은 책이며 내용은 어렵지만 보고 중등에 들어가면 확실히 도움이 된다는 평이 많은 교재입니다.

《기적특강》 초등 도형 세트 – 각과 다각형, 평면도형, 입체도형(기적학습 연구소)

학년별로 나누어져 있어서 아이들이 부족한 영역만 골라 풀어도 되고 전부 다 풀어도 좋습니다. 내용 자체가 쉽고 개념을 기억하는 데 중점을 두고 있기 때문에 천천히 기억을 되새기고 싶은 친구들에게 추천하는 책입니다.

PART 3

아이 스스로
끝까지 풀게 하는
실전 공부법

구구단 외우기

수학이 암기 과목인지에 대한 의견은 다양하지만, 대부분의 수학 선생님들은 수학에서도 암기가 중요하다고 이야기합니다. 맞습니다. 수학 문제를 제대로 풀고 그때 필요한 개념과 방법을 꺼내서 활용하려면 일정 부분 암기가 필수적이기 때문입니다. 특히 초등 시절에 제대로 암기해 둔 내용은 중학교에 가서도 큰 도움이 됩니다. 그중 가장 중요한 세 가지(구구단, 도형 정의, 계산 순서)를 소개해 드리고자 합니다.

구구단, 어떻게 이해하고 어떻게 외울 것인가?

첫 번째로 구구단 외우기에 대해 설명해 드리겠습니다. "구구단은 이해해야지, 외우면 안 된다."는 말을 듣고 궁금해 하시는 분들이 계십니다. 이럴 때 저는 이렇게 말씀드리곤 합니다.

"곱셈의 기호와 개념을 충분히 이해했다면, 이제는 외우는 것이 필요합니다."

구구단은 단순히 곱셈 개념만을 이해하는 것으로 끝나는 것이 아닙니다. 빠르고 정확하게 활용할 수 있어야 하는 도구이기 때문입니다. 구구단의 원리를 이해하는 것은 시작일 뿐이고, 이후 반복적인 암기를 통해 머릿속에서 자연스럽게 떠올릴 수 있어야 합니다. 그렇게 되면 두 자릿수 곱셈이나 나눗셈, 좀 더 복잡한 문제를 풀 때 시간을 절약할 수 있습니다.

초등 2학년 때 배우는 곱셈 구구는 단순한 암기가 아니라, 이후 수학 전반의 곱셈 기반 문제 해결을 위한 준비 과정임을 기억해야 합니다. 따라서 집에서 아이가 곱셈 개념을 이해한 후에는 어떻게 하면 자연스럽게 구구단을 암기할 수 있을지, 다음에 구체적인 방법들을 소개해 드리겠습니다.

구구단을 집 안 곳곳에 붙여두기

구구단을 외우기 위해서는 먼저 눈에 익숙해지는 것이 매우 중요합니다. 집 안 곳곳에 구구단 표를 프린트해서 붙여 주세요. 화장실, 거실, 냉장고 문, 식탁 앞 등 아이가 자주 가는 모든 장소에 구구단이 자연스럽게 보이도록 하는 것이 좋습니다. 특히 코팅한 구구단 표를 화장실에 붙여 두면 아이가 자주 보게 되어 익숙해지는 데 큰 도움이 됩니다.

아이 스스로 의식적으로 보는 것도 중요하지만, 무엇보다 먼저 자연스럽게 자주 접하면서 익숙해지는 것이 암기의 기초를 탄탄히 다지는 길임을 기억해야 합니다.

구구단 보고 써 보기

단순히 입으로 외우는 것만으로는 충분하지 않습니다. 손을 사용해 직접 쓰면서 외우는 방법이 훨씬 효과적입니다. 하루에 한 단씩 구구단을 처음부터 끝까지 손으로 써 보게 하세요. 예를 들어, 2단을 쓰는 날에는 '2×1=2, 2×2=4…'처럼 차근차근 적게 하고, 다음 날은 3단을 쓰는 식입니다.

이때 손으로 쓰는 과정에서는 눈과 손, 머리가 동시에 움직이기 때문에 암기가 훨씬 빠르게 이루어집니다. 그리고 손으로 쓸 때 구구단 표를 보면서 문제를 풀어도 괜찮아요. 표를 찾아보는 것도 자연스럽게 눈에 익히는 좋은 시간입니다.

구구단 게임하기

구구단 암기를 위한 게임은 어떤 보드게임이나 학습 도구보다 훌륭한 방법입니다. 특별한 준비물도 필요 없고, 아이와 엄마 단둘이서도 충분히 할 수 있습니다. 처음에는 아이가 외운 단원 내에서 게임을 시작하세요. 예를 들어 아이가 2단과 3단을 외웠다면, "2×5는?", "3×4는?"처럼 외운 범위 안에서만 질문을 던지며 진행합니다.

익숙해지면 외운 단의 범위를 점차 넓혀 가면 됩니다. 이 과정에서 틀린 문제는 바로 정답을 알려주고, 반복해 질문하는 것이 효과적입니다. 아이가 아직 서툴러 답을 하나씩 더하고 있을 때에도 느긋하게 기다려주는 자세가 필요합니다. 아이가 답을 맞추기 위해 노력하고 있다는 점을 꼭 기억하세요. 그리고 아이가 재미있게 활동할 수 있도록 격려해 주시는 것도 매우 중요합니다.

이렇게 구구단을 외우고 나면 자연스레 "과연 구구단을 외웠다는 기준은 무엇일까?" 하는 의문이 들기 마련입니다. 제가 늘 답하는 기준은 이렇습니다.

"아침에 자다 일어나서 랜덤하게 물어봐도 바로 답할 수 있으면, 그때 비로소 외운 것입니다."

구구단은 단순한 암기 수준에서 끝나는 게 아닙니다. 그렇게 외워져야 두 자릿수 곱셈이나 나눗셈, 그리고 더 복잡한 곱셈 기반 문제를 풀 때 시간을 크게 단축할 수 있거든요. 예를 들어 '24×7'을 계산할 때, 머릿속에 '7×4=28, 7×20=140'이 자연스럽게 떠올라야 빠르게 해결할 수 있습니다. 구구단을 외우지 못했다면 결국 24를 7번 더하는 방법을 써야 할 텐데, 이 방법은 시간이 오래 걸리고 고학년으로 갈수록 수학에 흥미를 잃게 만들 수 있습니다.

종종 구구단을 2학년 때만 하는 것으로 생각하는 경우가 있지만, 사실은 그렇지 않습니다. 구구단은 이후 모든 수학 영역에서 곱셈 기반 계산의 기본이 되기에, 곱셈 기호를 이해한 후 반드시 암기해야 하는 중요한 과정입니다.

도형 정의 외우기

구구단 다음으로 암기가 필요한 공부로는 바로 도형 정의를 외우는 것입니다. 초등학교 도형 학습에서 정의를 제대로 익혀야 하는 이유는 매우 중요합니다. 많은 아이들은 초등학교 저학년 때 처음 도형을 접하면 비교적 쉽게 느끼는 경우가 많습니다. 이는 초등학교 수준에서 도형이 주로 생김새를 보고 구분하는 수준에 머물기 때문입니다. 그래서 아이들은 "도형은 쉽다!"고 생각하게 됩니다.

하지만 초등학교 3학년부터 도형 학습은 점차 본격적으로 어려워지기 시작합니다. 다양한 개념과 정확한 정의가 등장하면서, 이런 기초 개념을 제대로 익히지 않으면 혼란을 겪게 됩니다.

예를 들어, 얼마 전 직사각형 개수를 구하는 문제를 다뤘을 때,

많은 분들이 "왜 정사각형의 개수도 포함되나요?" 하고 질문하셨습니다. 이것은 도형의 정의를 명확히 이해하지 못해 생기는 혼란입니다. 이처럼 도형의 정확한 정의를 알지 못하면 문제를 올바르게 해결하기 어려워지므로, 초등 시기부터 개념을 꼼꼼히 익히는 것이 필수적입니다.

정사각형	네 변의 길이가 같고, 네 각이 모두 직각인 사각형
직사각형	네 각이 모두 직각인 사각형 (네 변의 길이는 같을 수도, 다를 수도 있음)

즉, 정사각형은 네 각이 모두 직각인 직사각형의 한 종류입니다. 그래서 직사각형의 개수를 셀 때는 정사각형도 포함되어야 하죠. 이런 기본 개념을 확실히 알고 있어야 문제를 풀 때 혼란을 겪지 않습니다.

하지만 아이들에게 "이걸 외워야 해!"라고만 말한다고 해서 쉽게 외워지지는 않습니다. 그렇다면 어떻게 하면 아이들이 개념을 효과적으로 익힐 수 있을까요? 제가 추천하는 방법은 '나만의 도형 정의 노트'를 만드는 것입니다. 과연 어떻게 만들까요?

나만의 도형 정의 노트 만들기

노트의 크기는 한 손에 들어가는 작은 수첩이어도 괜찮고, 보통의 노트 사이즈도 괜찮습니다. 도형을 배우다가 처음 접하는 개념이 있으면 노트에 적고 문제집을 풀면서 헷갈렸던 개념을 정리해 둡니다. 기본 도형(삼각형, 사각형 등)의 정의를 한눈에 보기 쉽게 정리합니다. 단, 반드시 직접 써 보는 과정을 포함합니다(읽기만 하면 기억이 오래가지 않습니다).

이렇게 노트를 만드는 이유는 2가지입니다.

첫째, 필요할 때 찾아볼 수 있다.
둘째, 직접 쓰면서 개념을 한 번 더 기억할 수 있다.

이렇게 정리해 두면 초등학교뿐만 아니라 중학교에서도 그대로 활용할 수 있습니다. 합동 개념 역시 마찬가지입니다. 단지 한글 용어가 영어로 바뀔 뿐, 개념 자체는 변하지 않기 때문입니다.

따라서 초등학교 때부터 도형 정의를 정확히 익히고, 이를 문제 해결에 적극적으로 활용하는 연습을 해 두는 것이 매우 중요합니다.

계산 순서 외우기

초등 수학에서 계산 순서는 반드시 암기해야 할 중요한 부분입니다. 초등학교에서 배우는 혼합 계산, 즉 사칙연산의 순서는 단순한 개념이 아니기 때문입니다. 많은 아이들은 처음에 덧셈, 뺄셈, 곱셈, 나눗셈을 차례대로 하나씩 배우면서 '계산은 쉽다'고 생각하기도 합니다. 그러나 혼합 계산이 등장하면서 실수가 급격히 늘어나기 시작합니다.

어떤 아이는 덧셈부터 하고, 또 다른 아이는 곱셈을 먼저 하는 등 계산 순서를 혼동하는 경우가 많습니다. 이것은 계산 방법을 이해하지 못해서가 아니라, 계산 순서를 정확하게 암기하지 않았기 때문입니다.

학년별 혼합 계산

2학년	덧셈과 뺄셈이 섞인 계산 등장
3학년	곱셈과 나눗셈이 추가되면서 본격적인 혼합 계산 시작
4학년	괄호가 포함된 식, 분수와 소수의 혼합 계산
5~6학년	더 복잡한 연산 사용

초등 때 계산 순서를 외워야 하는 이유

초등학교에서는 일정한 순서에 따라 혼합 계산을 배워 나갑니다. 하지만 이 시기에 계산 순서를 정확히 익히지 못하면, 중학교 1학년 입학 후 처음 접하는 정수와 유리수의 연산 단원에서 큰 혼란을 겪게 됩니다. 중학교 1학년이 되면, 초등학교에서 배운 사칙연산을 정수와 유리수로 확장하여 다루기 때문입니다.

- 정수 연산 : 음수 개념이 추가된 덧셈, 뺄셈, 곱셈, 나눗셈
- 유리수 연산 : 분수와 소수가 포함된 연산

이때, 혼합 계산의 기본 원칙을 확실히 알고 있어야 실수를 줄일 수 있습니다. 예를 들어 초등학교에서 다음과 같은 계산을 배우지 않는 경우를 생각해 봅시다.

$3 + 5 \times 2 = \square$
→ 우선 곱셈을 먼저 계산해야 하므로 $3 + 10 = 13$

$(3 + 5) \times 2 = \square$
→ 괄호 안 덧셈을 먼저 계산해야 하므로 $7 \times 2 = 14$

이런 계산 순서를 제대로 익히지 못한 아이들은 중학교에 가서 혼란을 겪을 가능성이 매우 큽니다. 특히 중학교에서는 기존의 사칙연산에 음수 개념까지 추가되기 때문에, 계산 과정을 더욱 어렵게 느낄 수 있습니다. 초등학교에서부터 정확한 계산 순서를 익혀두는 것이, 중학교 수학을 쉽고 자신 있게 시작하는 데 도움이 됩니다.

$$(-3) + 5 \times (-2) = A$$
$$(-3 + 5) \times (-2) = B$$

이런 식이 있을 때 괄호 하나, 만으로도 답이 달라지기 때문에 계산 순서를 잘못 적용하면 쉽게 틀리게 됩니다. 결국, 초등학교 때 혼합 계산을 정확히 익혀야 중·고등학교 때에도 연산 실수가 적어지게 되는 것입니다.

계산 순서 암기법

그럼 어떻게 계산 순서를 확실히 암기할 수 있을까요?

첫째, 계산 원칙을 반복해서 말하고 써 보기

문제를 풀 때마다 원칙을 반복해서 말하는 것입니다. 그리고 입으로 말한 순서대로 연습장에 필산을 하며 순서대로 차근차근 학습합니다.

둘째, 계산 순서를 잘못 적용한 문제를 찾고 교정하기

아이가 틀린 문제를 스스로 어느 부분에서 실수했는지 확인하는 과정이 중요합니다. 자신의 풀이를 직접 분석하면서 잘못된 점을 바로잡고, 계산 순서를 제대로 익힐 수 있습니다. 이를 위해서는 암산보다는 손으로 직접 쓰면서 학습하는 방법을 추천합니다.

수학에서 정확한 계산을 해내는 것은 아주 큰 강점입니다. 계산은 수학의 기본 중의 기본이지만, 많은 아이들이 이 부분에서 자주 실수하곤 합니다. 단순한 원칙이지만 계산 순서를 암기한 아이들은 실수가 적고, 그렇지 않은 아이들은 반복되는 실수 때문에 연산 자체를 싫어하게 될 수도 있습니다.

그래서 초등학교 때부터 정확히 계산 순서를 암기하고 꾸준히 연습한다면, 중학교에서도 수학을 훨씬 쉽게 따라갈 수 있습니다.

필기 공부, 어떻게 해야 좋을까?

수학자들이 사랑하는 분필 이야기를 들어본 적 있으신가요? 굉장히 많은 증명을 해낸 분필로 유명한 제품이 있는데, 수학자들이 그 분필을 얼마나 아꼈던지, 제조사가 문을 닫기 직전에 사재기가 일어났다는 이야기도 있습니다.

사실, 여기서 주목할 점은 분필 그 자체가 아니라, 왜 수학자들이 그렇게까지 칠판에 직접 문제를 풀기를 좋아했는지에 있다고 생각합니다. 수학과 필기는 떼려야 뗄 수 없습니다. 손으로 끄적이는 그 과정은 단순한 연산을 뛰어넘어, 개념을 정리하고 사고를 깊게 만드는 데 큰 역할을 합니다.

물론 어떤 부분은 암산도 필요하긴 합니다. 이번에는 초등 수학에서의 필기는 어디까지 필요한지, 그리고 무엇에 더 초점을 두고 어떻게 쓰게 지도해야 하는지 한번 정리해 보려고 합니다.

개념, 꼭 적으면서 외워야 할까?

"초등학교 수학 개념을 꼭 필기하면서 공부해야 할까요?"

이 질문을 정말 자주 받는데, 저는 이렇게 말씀드립니다.

"초등 저학년에서는 전혀 필요하지 않습니다. 그리고 초등 고학년에서도 필기는 선택 사항일 뿐입니다."

초등학교 수학에서 만나는 개념들은 사실 그렇게 어렵지가 않습니다. 특히 1~2학년에서 배우는 내용들은 아이들의 언어와 인지 발달 수준에 맞춰져 있어, 대부분 어렵지 않게 이해할 수 있죠. 이 시기에는 개념을 따로 필기하거나 외울 필요가 없습니다.

하지만 3학년이 되면 새로운 개념들이 등장하기 시작하는데, 그중에서는 단순한 이해만으로 부족하고, 정확하게 기억해야 하는 개념도 나오기 시작합니다. 이런 부분은 개념을 필기하며 정리하는 것이 도움이 될 수도 있지만, 모든 단원을 필기할 필요까지는 없습니다.

많은 부모님들이 개념을 필기해야 아이가 더 잘 기억할 것이라고 생각하는데, 실제로는 초등학생 입장에서는 필기가 오히려 부담이 될 수 있습니다. 특히 저학년 아이들은 글씨 쓰는 속도가 개념을 이해하는 속도를 따라가지 못해 혼란을 겪기도 합니다. 개념 정리에 너무 많은 시간을 쓰면 오히려 공부가 노동처럼 느껴질 수도 있습니다. 예쁜 노트 정리가 공부했다고 느껴지는 상징이 되면 본질적인 개념 학습보다 형식적인 공부에 머무를 위험도 있습니다.

수학 개념, 읽는 것만으로도 충분하다

그렇다면, 개념 공부는 어떻게 해야 할까요? 초등 수학에서는 개념을 '읽는 것'만으로도 충분합니다. 수학 개념은 단순 암기보다는 반복적으로 접하면서 자연스럽게 익숙해지는 것이 훨씬 효과적입니다. 과연 그럼 어떻게 공부하면 좋을까요?

문제를 풀기 전에 개념을 읽어 보거나 시청하기

수학 문제를 풀기 전에 먼저 개념을 스스로 읽어 보는 습관이 매우 중요합니다. 예를 들어, 분수 덧셈을 배우는 날이라면 문제를 풀기 전에 교과서나 문제집에 나오는 개념 설명을 아이가 먼저 혼자 읽어 보도록 유도해 주세요. 그리고 부모님께 직접 설명해 보게 하는 겁니다.

"다시 한번 설명해 줄래?"

"분수 덧셈은 어떻게 하는 거였지?"

이런 식으로 부모님이 질문을 던져 보세요. 아이가 막히면 한 번 더 읽어 보게 하거나 함께 찾아보면 됩니다.

요즘은 많은 문제집에 QR 코드가 있어서 개념 동영상 강의를 바로 볼 수 있습니다. 아이가 혼자 개념 읽기를 싫어한다면, QR 코드를 찍어 함께 강의를 시청하는 것도 좋은 방법입니다. 그 책에 가장 적합한 선생님이 강의를 진행해 주니, 마다할 이유가 없겠죠?

문제를 풀면서 개념을 다시 확인하기

개념은 한 번 읽고 끝내는 것이 아니라, 문제를 풀다가 막히는 부분이 생길 때마다 다시 읽어 보는 것이 중요합니다.

예를 들어, 아이가 길이를 km에서 m로 변환하는 문제에서 어려움을 겪는다면, 문제를 풀기 전에 그 부분만 다시 읽어 보게 하세요. 아이가 필요한 개념을 찾아 읽다 보면 자연스럽게 관련된 다른 개념들도 접하게 되고, 기억이 되살아나 다른 문제 해결에도 도움이 됩니다. 이렇게 반복적으로 개념과 마주하는 과정이 아이의 이해와 기억을 깊게 만드는 데 큰 역할을 합니다.

개념을 일상 속에서 자연스럽게 익히기

수학 개념은 단순히 문제집 속에서만 배우는 것이 아닙니다. 일상생활 속에서 자주 접하는 개념일수록 아이에게 더욱 오래 기억됩니다. 예를 들어, 피자나 케이크를 활용하는 경우가 많습니다. 케이크 한 조각이 몇 개 모여 한 판이 되는지, 피자 한 조각이 전체에서 몇 분의 몇인지를 아이에게 설명해 주기만 해도 기억에 오래 남을 수 있습니다.

   이처럼 생활 속에서 개념을 읽고 적용해 보는 기회를 많이 만들어 주면, 필기를 하지 않아도 개념이 자연스럽게 정리되고 이해가 깊어질 것입니다.

초등 서술형, 어디까지 해야 할까?

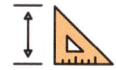

초등학교에 입학하면 아이들은 처음으로 서술형 문제를 접하게 됩니다. 그런데 많은 부모님들이 서술형 문제를 마치 논문처럼 길고 복잡하게 작성해야 한다고 오해하는 경우가 많습니다. 하지만 초등학교에서 요구하는 서술형은 '풀이 과정과 생각을 표현하는 방식'일 뿐, 길고 어려운 문장을 쓰는 것이 목표가 아닙니다.

그렇다면 아이들이 서술형 문제를 어려워하는 이유는 무엇일까요?

"어떻게 써야 할지 모르겠어요!"

"무조건 길게 써야 하는 거 아니에요?"

"글씨를 많이 써야 하는 거 아닌가요?"

이런 고민들을 해결하기 위해, 저는 저학년과 고학년에서의 서술형 접근법을 다르게 가져가야 한다고 생각합니다.

저학년(1~3학년) 서술형 문제 접근법

이 시기의 서술형 문제는 복잡한 논리 전개보다는 단순히 식을 적는 것만으로도 충분합니다. 저학년 시기에는 무엇보다 식을 써 보는 연습을 하는 것이 중요합니다.

예를 들어, 다음과 같은 문제가 있다고 생각해 봅시다.

> 토끼가 딸기를 5개 샀습니다. 여우는 토끼보다 1개 적게 샀습니다.
> 여우가 산 딸기는 몇 개 인가요?

이 문제를 풀 때 아이가 단순히 답인 '4'만 쓰는 것이 아니라, '5-1=4'처럼 식과 함께 표현하기만 해도 잘하고 있다고 볼 수 있습니다. 만약 아직 그렇게 하지 않는다면, 식을 쓰는 연습을 꾸준히 하면 됩니다.

초등 저학년 아이들은 아직 문장을 길게 쓰는 데 익숙하지 않은 편이기 때문에, 최소한 해결 과정을 볼 수 있도록 식을 쓰는 것이 가장 적합한 방법입니다. 그리고 식 쓰는 데 익숙해지면, 그다음 단계로 서술형 답안을 조금씩 시도해 보는 것이 좋습니다.

> 예를 들자면, 토끼는 5개를 샀고, 여우는 그보다 1개 적게 샀다.
> 그래서 5-1=4 이므로 여우는 4개를 샀다.

답을 보면 알겠지만, 문장 안에 문제의 반복이 많습니다. 문제를 조금만 반복해서 적어도 좋은 서술형 답안이 될 수 있습니다.

고학년 (4~6학년) 서술형 문제 접근법

고학년에 이르면 서술형 문제도 좀 더 논리적인 과정을 요구하게 됩니다. 하지만 여전히 중요한 것은 길게 쓰는 것이 아니라, 핵심을 명확하게 표현하는 것입니다.

고학년 서술형 문제에는 '채점 기준표'가 함께 제공되는 경우가 많습니다. 대개 채점 기준표에는 '이 과정을 적으면 몇 점, 저 과정을 적으면 몇 점'과 같은 채점 기준이 명확히 나와 있지요. 초등 고학년 서술형 문제는 중학교 수행평가와도 연결되는 중요한 부분이기 때문에, 이러한 채점 기준표에 맞춘 서술형 연습이 꼭 필요합니다.

실제 문제집에 나오는 문제를 예로 들어 설명해 보겠습니다.

서우네 밭에서 고구마를 1368kg 캤습니다. 이 고구마를 한 상자에 20kg씩 담아서 30000원을 받고 팔려고 합니다. 고구마를 팔아서 받을 수 있는 돈은 최대 얼마인지 풀이 과정을 쓰고 답을 구하시오.

풀이 1368 ÷ 20 = 68…8이므로 고구마는 68상자가 되고 8kg이 남습니다. 상자에 담은 고구마만 팔 수 있으므로 버림으로 나타냅니다. 따라서 고구마는 최대 68상자를 팔 수 있고, 고구마를 팔아서 받을 수 있는 돈은 최대 68×30000=2040000(원)입니다.

채점 기준	배점
고구마는 몇 상자가 되고 몇 kg이 남는지 구했나요?	2점
팔 수 있는 고구마는 몇 상자인지 구했나요?	2점
고구마를 팔아서 받을 수 있는 돈을 구했나요?	1점

정답 2040000원

디딤돌 《최상위 수학S》 5-2 23p 6-3번 문제

이 기준표에는 세 가지 평가 항목이 포함되어 있습니다.

첫 번째는 '고구마가 몇 상자가 되고, 몇 kg이 남는지 정확히 구했는가?'입니다. 아이가 답안에 이 부분을 포함했다면 2점을 받고, 없으면 0점으로 처리됩니다. 두 번째는 '팔 수 있는 고구마가 몇 상자인지 구했는가?'라는 질문에 대한 답변으로, 이 또한 답안에 포함되면 2점이 부여됩니다. 마지막으로, 최종 답안에 대해서는 1점이 주어집니다.

자, 그럼 제가 직접 답안을 한번 적어보겠습니다.

> 1368 ÷ 20 = 68 … 8, 그래서 고구마는 68상자이고 8kg 남는다.
> 상자에 담은 고구마만 팔 수 있으니 68상자만 팔 수 있다.
> 68 × 30000 = 2040000
> 그래서 2040000원

위 문제에 적힌 풀이보다 분량은 적지만, 핵심 내용은 모두 잘 담겨 있습니다. 고학년 서술형 문제의 핵심은 바로 이 부분입니다. 글의 길이보다는 채점 기준표에 맞춰 핵심을 제대로 표현했는지가 무엇보다 중요합니다.

저학년과 고학년은 서술형에 접근하는 방식이 달라야 합니다. 요즘 많은 아이들이 선행 학습을 하는 만큼, 예를 들어 2학년인 아이가 4학년 문제를 만났을 때 어떻게 접근해야 할지 고민하는 부모님도 많으실 겁니다. 저학년 문제라고 생각하고 접근할지, 아니면 고학년 문제에 맞춰 대해야 할지 말이죠.

선행 학습을 한다는 것은 아이가 그만큼 내용을 따라갈 준비가 되어 있고 알고 있다는 전제가 깔려 있다고 봐야 합니다. 실제 나이가 2학년이어도 5학년 수준의 학습 내용을 본다면, 5학년 수준의 선행학습이 되어 있어야 하죠. 물론 이런 세세한 부분들은 어느 정도 나이가 차야 해결되는 면도 있습니다. 하지만 학년별로 서술형 문제를 한 단계씩 차근차근 익혀가면서 올라간다면, 아이가 자연스럽게 잘 따라올 수 있을 것입니다.

숫자 구별이 힘든 악필 우리 아이, 어쩌나요?

초등 고학년이 되면 글씨 교정 문제로 고민하는 부모님들이 많습니다. 특히 수학 공부에서 글씨가 엉망이면, 답이 맞아도 읽기 어려워서 틀린 답으로 처리될 수 있습니다. 그런 모습을 보면 부모님들은 글씨를 빨리 고쳐주고 싶어지지만, 글씨 교정은 생각보다 쉽지 않습니다. 빨리 쓰고 싶은 마음이 클수록 글씨는 흐트러지기 마련이니까요. 이로 인해 아이와 부모 간 갈등이 생기고, 아이가 수학 자체를 더 싫어하게 되는 경우도 많습니다.

그래서 저는 아이의 글씨가 '누구나 읽을 수 있는 수준'이라면, 크게 간섭하지 않고 그냥 두는 것도 하나의 방법이라고 생각합니다. 단, 아이의 글씨가 문제를 일으키지 않는다는 전제 하에서 말입니다.

그렇다면 글씨 때문에 문제가 되는 경우는 언제일까요? 바로 학교 시험이나 대외 활동에서 글씨가 문제를 일으킬 때입니다. 예를 들어 단원평가에서 글씨가 너무 엉망이라 점수를 깎이거나, 받아쓰기를 할 때 글씨가 부정확해 틀린 답으로 처리되는 경우입니다. 이런 상황이라면 반드시 글씨 교정을 해 주어야 합니다.

특히 수학은 글씨가 정확하지 않으면 답이 틀릴 위험이 더 큽니다. 아이들이 자주 헷갈리는 예가 '0'과 '6'입니다. 빨리 쓰면 0이 6처럼 보이는 일이 빈번하게 일어납니다. 특히 4학년 1학기 첫 단원인 '큰 수' 단원에서는 0을 많이 쓰는데, 빠르게 풀려다 보니 0을 대충 써서 6처럼 보이는 경우가 잦습니다. 이런 작은 실수가 모이면 시험 점수에 큰 영향을 줄 수 있어, 오히려 좋은 기회로 삼아 0을 바르게 쓰는 연습을 하는 게 좋습니다.

결국 아이들의 글씨를 개선해 주는 것은 부모의 몫입니다. 때로는 적당히 넘어가기도 하지만, 문제가 생겼다면 반드시 바로잡아 주어야 합니다. 그렇다면 어떻게 교정해 주면 좋을까요? 저는 두 가지 실질적인 교정 방법을 제안합니다.

글씨 문제를 아이 스스로 인식하게 하라

아이에게 스스로 글씨 문제를 인식하게 하는 것이 매우 중요합니다. 채점 중에 숫자를 알아보기 어렵다면, 아이에게 스스로 다시 읽어 보도록 기회를 주세요. 만약 아이 자신도 자신의 글씨를 읽지 못한다면, 그 문제는 틀린 것으로 처리합니다. 이 방법은 아이에게 "내 글씨에 문제가 있구나!"라는 인식을 자연스럽게 심어 줄 수 있습니다.

이때 중요한 점은 다그치거나 무조건 지적하는 것이 아니라, 아이에게 스스로 생각할 기회를 주는 것입니다. 아이가 스스로 깨닫도록 돕는 것이 목표이기 때문입니다.

숫자 쓰기 경고와 집중 연습

아이들이 글씨를 빨리 쓰려는 경향이 강할 때는, 숫자를 많이 쓰는 연산 문제를 풀기 전에 미리 "숫자를 똑바로 쓰자."라고 경고해 주는 것이 좋습니다. 이 방법은 아이가 순간적으로 집중하도록 만들어, 글씨를 대충 쓰려는 습관을 고칠 수 있는 기회를 제공합니다.

물론 이 방식은 짧은 시간 동안만 효과가 있을 수 있고, 지속성이 낮을 수 있다는 단점이 있습니다. 지속적인 효과를 원한다면, 아이가 스스로 글씨 문제를 인식하고 개선하려는 의지가 필요합니다. 아이의 글씨가 잘 써졌을 때 엄마의 칭찬이나 교정 기간 중 칭찬 스티커 같은 보상을 활용해 동기부여를 해 주는 것도 좋은 방법입니다.

글씨 예쁘게 쓰기 챌린지

하루에 공부하는 모든 내용을 예쁘게 쓰라고 하면 어른도 스트레스를 받을 수 있습니다. 그래서 수학 공부할 때 하루 한 페이지만 예쁘게 쓰기, 연산 문제집만 예쁘게 쓰기 등 아이가 실천할 수 있는 작고 현실적인 챌린지를 주는 것이 좋습니다. 아이가 목표를 달성하면 칭찬과 함께 동기부여용 칭찬 스티커 등을 주는 방법도 효과적입니다.

만약 도전에 실패해도 다시 기회를 주의, 이번에는 다른 색깔 펜으로 더 예쁘게 적어 보게 하는 것도 좋은 방법입니다. 처음에는 한 페이지만 예쁘게 쓰다가 습관이 되고 몸에 익으면, 자연스럽게 글씨가 교정될 것입니다.

글씨를 잘 쓰는 것은 학습 과정에서 여러 이점을 제공합니다. 하지만 고학년 아이에게 글씨를 잘 쓰라고 강요하는 것은 갈등의 원인이 될 수 있습니다. 집에서 공부할 때는 조금 여유로운 마음으로 지켜봐 주고, 대외적인 활동에서 문제가 없다면 크게 나무라지 않는 것도 괜찮습니다. 언젠가는 아이 스스로 깨닫는 날이 올 것이고, 그때까지 기다려 주는 것도 부모의 큰 미덕이라 생각합니다.

계산능력 키우기

　수학을 잘하기 위해서는 개념 이해가 중요하지만, 계산 능력도 절대 빼놓을 수 없습니다. 많은 학생들이 개념은 제대로 이해했음에도 불구하고 연산 실수 때문에 문제를 틀리는 경우가 많기 때문입니다.

　그렇다면 수학에서 연산은 얼마나 중요한 역할을 할까요? 단순히 빠르게 계산하는 것이 핵심일까요, 아니면 정확성이 더 중요한 걸까요? 또, 연산 실수를 줄이려면 어떻게 해야 할까요? 이 장에서는 연산의 필요성과 적절한 연산 방법, 그리고 실수를 줄이는 효과적인 전략에 대해 자세히 살펴보겠습니다.

연산은 무엇으로 해야 될까요?

많은 부모님들이 연산 학습 방법을 고민하십니다. 시중에 나와 있는 연산 문제집이 수십 가지인데, 어떤 책을 선택해야 할지 혼란스러울 때가 많습니다. 문제집 외에도 연산 학원이나 학습지 등이 있는데, 어릴 적 학습지에 질린 경험 때문에 처음에는 안 시키려다가도 어느새 "이거라도 해야 하나?" 하는 마음이 생기기도 합니다. 이렇게 연산을 위한 도구가 너무 많으니, 오히려 무엇을 선택할지 헷갈릴 수밖에 없습니다.

하지만 연산 문제집들은 큰 차이가 없고, 연산 내용 자체가 특별히 복잡하거나 특별하지는 않습니다. 그렇다면 어떤 기준으로 연산 공부법을 택해야 할까요? 아이와 부모님의 학습 성향에 맞는 방법을 선택하는 것이 가장 중요합니다.

부모님이 의욕은 있지만 꾸준히 관리하기 어렵다면, 학습지나 연산 학원이 좋은 대안입니다. 연산은 반드시 해야 하는 부분이고, 꾸준히 하지 않으면 안 되니까요. 일주일에 한 번 방문하시는 선생님만으로도 습관을 들일 수 있으며, 아이도 엄마보다 선생님이 오시면 더 집중하고 열심히 할 가능성이 높습니다. 연산 학원 역시 집에서 꾸준히 하기 힘들다면 좋은 선택이 될 수 있습니다. 집에서 공부하는 것이 목적이 아니라, 배우는 것이 목적이니까요.

만약 부모가 꾸준히 학습을 관리해 줄 수 있는 환경이라면, 집에서 문제집을 활용하는 것도 효과적입니다. 저학년은 《소마셈》, 《원리셈》 시리즈 같은 학년별로 꼼꼼히 구성된 교재가 좋고, 중학년은 기본 교과 연산 문제집과 부족한 부분을 보충할 수 있는 특정 연산 문제집을 활용하면 됩니다. 예를 들어 분수가 약하면 분수만 다루는 문제집으로, 소수가 약하면 소수 문제집으로 보충하는 방식입니다.

고학년은 이미 사칙연산이 완성된 경우가 많기 때문에, 별도로 연산에 집중하기보다는 교과형 연산 문제집(학년과 학기가 명확히 구분된 문제집)만으로도 충분합니다. 계산 능력이 탄탄한 아이들은 소수 자릿수 정도만 헷갈릴 뿐, 기본적인 계산 능력 부족은 보이지 않기 때문입니다.

연산은 어떤 이는 꼭 해야 하고, 어떤 이는 하지 않아도 된다고 주장하지만, 연산 실력이 탄탄하면 수학을 더 쉽게 할 수 있다는 사실만큼은 분명합니다. 계산기를 사용하더라도 올바른 계산 순서를 이해해야 하고, 문제를 풀 때도 정확한 식을 세울 수 있어야 하니까요.

결국 중요한 것은 어떤 방법을 선택하느냐가 아니라, 꾸준히 학습을 이어가는 것입니다. 꾸준함이 실력 향상의 가장 큰 열쇠입니다.

연산을 꼭 해야 하나요?

얼마 전 한 학부모님께서 이런 질문을 하셨습니다.

"연산을 따로 공부하는 건 시간 낭비 아닌가요? 교과 문제만 풀면 되는 거 아닌가요?"

이 질문은 수학 교육에서 늘 논란이 되는 주제입니다. 실제로 연산을 따로 하지 않아도 무리 없이 교과 수학을 따라가는 아이들이 있습니다. 이런 아이들은 어릴 때부터 수학적 사고력이 자연스럽게 길러졌거나, 부모가 수학 관련 일을 하면서 개념과 연산을 일상에서 자연히 접한 경우가 많습니다. 가정 내 대화 속에서도 숫자 감각이 길러지고, 별도의 연산 연습 없이도 교과 과정 문제를 잘 풀어내지요.

저도 수많은 아이들을 만나면서 이런 사례를 종종 보았습니다. 하지만 이런 아이들은 소수에 불과합니다. 대부분 아이들은 연산 연습이 꼭 필요합니다. 특히 선행 학습을 계획하는 경우, 연산 실력이 부족하면 결국 한계에 봉착할 수밖에 없습니다.

연산을 공부해야 하는 이유는 간단합니다. 연산은 수학의 기본적인 도구이기 때문입니다. 아무리 개념을 잘 이해해도 연산 실력이 부족하면 문제를 빠르게 풀 수 없습니다. 수학이 단순히 연산만 잘하는 과목은 아니지만, 수학을 잘하기 위해서는 연산이 필수적인 도구입니다.

연산 속도가 느리면 문제 풀이 시간이 길어지고, 이로 인해 수학에 대한 흥미를 잃는 악순환이 시작됩니다. 많은 부모님이 연산 속도가 중요한지 물으시는데, 저는 정확성이 더 중요하다고 강조합니다. 정확성을 목표로 연산을 연습하다 보면 속도는 자연스럽게 향상됩니다. 아이가 문제를 반복해서 풀다 보면, 정확한 방법으로 익힌 연산 속도는 점차 빨라지게 되어 있습니다.

요즘 선행 학습이 빠른 속도로 진행되면서, 연산은 더욱 필수적인 과목이 되고 있습니다. 기본 연산이 서툴면 개념을 이해해도 문제 풀이 속도가 느려져 문제를 끝까지 풀지 못하는 경우가 많아집니다. 결국 '나는 수학이 어렵다.'는 생각에 빠지고 흥미를 잃을 수밖에 없습니다.

그래서 연산을 꼭 해야 하느냐는 질문에 대한 제 답은 '아이의 현재 상태에 따라 다르다.'입니다. 아이가 연산을 자연스럽게 처리하고 교과 문제 풀이에 전혀 지장이 없다면 별도의 연산 문제집은 필요 없습니다. 그러나 연산 과정에서 머뭇거리거나 풀이 시간이 지나치게 오래 걸린다면 연산 연습은 무조건 필요합니다.

연산 학습은 문제 풀 시간을 단축시키고, 사고력을 기르는 과정에서 방해 요소를 줄이며 수학 학습이 원활히 진행될 수 있도록 돕는 중요한 도구입니다. 초등 시절의 연산 학습은 지금뿐 아니라 중고등학교 수학을 위한 '근력 쌓기'이기도 합니다. 우리 아이의 수학 근력을 튼튼히 쌓아준다는 마음으로 접근하신다면, 지루하고 힘든 과정도 견뎌낼 수 있을 것입니다.

연산 실수는 어떻게 고칠 수 있을까요?

연산 실수는 집에서 공부하는 아이들뿐만 아니라 대한민국의 거의 모든 초등학생이 겪는 공통된 어려움입니다. 많은 부모님들이 "연산 실수를 줄이고 싶어요."라고 말씀하시지만, 중요한 사실은 연산 실수가 '고쳐야 할 나쁜 습관'이 아니라 누구나 겪는 자연스러운 과정이라는 점입니다.

우리는 '실수'의 의미를 다시 생각해 볼 필요가 있습니다. 국어사전에서 실수는 '조심하지 않아서 생긴 잘못'을 의미합니다. 즉, 실수는 의도하지 않은 잘못이며, 아이가 일부러 하는 행동이 아닙니다. 모든 사람은 실수를 하며, 실수를 통해 배우고 성장합니다. 부모님이 수학 문제를 풀 때 완벽을 요구하면, 아이는 점점 수학을 부담스러워 하게 됩니다.

또한 실수할 때마다 부모가 지나치게 걱정하는 경우가 많습니다. "이러다 중학교 가서도 계속 실수하면 어떡하지?", "시험에서도 똑같은 실수를 반복하면 성적이 떨어질 텐데…." 같은 불안감이 반복적인 지적으로 이어지고, 아이는 수학에 대한 자신감을 잃기 쉽습니다. 하지만 초등학생이 완벽한 문제 풀이를 하는 것은 현실적으로 어렵습니다.

오히려 중요한 것은 아이가 실수를 통해 '나는 어떤 부분에서 자주 실수하는가?'를 인식하는 것입니다. 부모님이 해줄 수 있는 가장 큰 역할은 아이가 실수해도 괜찮은 환경을 만들어 주고, 실수를 하면 스스로 고칠 수 있게 해 주는 것입니다. 그래야 아이가 수학을 계속 배우고 싶어 하게 됩니다.

그렇다면 연산 실수를 줄이기 위해 어떻게 해야 할까요?

연산 실수를 줄이려면, 검산하는 습관을 들여야 합니다.

연산 실수를 줄이는 가장 좋은 방법은 검산을 습관화하는 것입니다. 부모님이 먼저 채점을 하면서 실수한 부분을 확인한 뒤, "이 페이지에서 실수가 하나 나온 것 같은데, 한 번 검산해 볼까?" 하며 자연스럽게 아이에게 검산을 유도하면 됩니다. 단, 검산 양이 너무 많으면 아이가 부담을 느낄 수 있으므로, 한 페이지의 반절이나 특정 문제 5개 정도로 범위를 제한해 부담 없는 양을 주는 것이 좋습니다.

실수가 반복되는 특정 단원은 보충 학습이 필요합니다.

아이가 곱셈, 나눗셈, 소수, 분수 등 특정 영역에서 자주 실수를 한다면 단순한 실수가 아니라 개념 이해 부족이 원인일 가능성이 큽니다. 이런 경우 실수가 잦은 단원을 부모님과 함께 분석하고 이유를 찾아 보충 연습을 하는 것이 좋습니다. 예를 들어 곱셈 실수가 많다면 곱셈 연산 부분만 추가 연습하는 식입니다. 곱셈 구구부터 다시 시작할 필요 없이 현재 부족한 부분부터 시작하는 것이 효과적이며, 연습은 짧고 부담 없는 5~10분 정도가 적당합니다.

'완벽'을 요구하기보다는, '다시 고치면 된다'는 태도 심어 주기

부모님이 연산 실수를 반복해서 지적하는 큰 이유는 "우리 아이가 계속 이런 실수를 할까 봐." 하는 불안감 때문입니다. 그러나 아이들은 성장하면서 점차 실수를 줄여 나갑니다. 지금 실수를 한다고 해서 평생 그러리라 생각할 필요는 없습니다. 오히려 계속 지적하면 아이가 문제 풀이 자체를 두려워할 수 있으므로, 부모님의 태도가 실수를 긍정적으로 바라보는 방향으로 바뀌어야 아이도 실수를 두려워하지 않고 받아들일 수 있습니다.

실수가 아닌 배움의 과정입니다.
- 이거 또 틀렸어? 또 그랬네? (X)
- 아, 여기서는 실수가 있었네, 다음에는 조금 신경 쓰면 충분히 잘할 수 있겠다! (O)

실수를 문제가 아니라 배움의 과정으로 받아들이면 아이는 수학을 포기하는 것이 아니라 실수를 줄이려는 노력을 스스로 하게 될 것입니다.

계산 실수 줄이는 연습 방법

그럼 실수를 줄이기 위한 현실적인 연습 방법에는 무엇이 있을까요?

① 자기 글씨를 읽을 수 있는지 확인하기

대부분의 아이들은 자신이 쓴 숫자를 스스로 알아보지 못해 실수를 하는 경우가 많습니다. 그러므로 아이가 자신의 글씨를 제대로 읽을 수 있는지 꼭 확인해 보셔야 합니다. 만약 잘 쓰지 못했다면, 또박또박 글씨를 쓰는 연습을 꾸준히 하는 것이 필요합니다.

② 계산 과정을 설명해 보기

자신이 푼 과정을 설명해 봄으로써, 아이 스스로 어느 부분에서 실수가 있었는지 확인할 수 있습니다. 틀린 문제에 대해서는 "왜 이렇게 풀었는지 설명해 볼래?"라고 아이에게 물어보는 것도 효과적인 방법입니다. 이렇게 하면 아이가 자신의 사고 과정을 점검하고 실수를 인식하는 데 도움이 됩니다.

③ 검산을 습관화하기

검산을 할 수 있는 상황에서는 반드시 검산하는 습관을 들이는 것이 좋습니다. 매일매일 모든 문제를 검산하기는 어렵지만, 시험이나 중요한 공부를 할 때는 검산하는 습관을 갖는 것이 큰 도움이 됩니다. 예를 들어 집에서는 문제집 단원이 끝날 때 나오는 단원평가에서 검산 연습을 시키는 것도 효과적인 방법입니다.

연산 실수는 초등학생이라면 누구나 겪는 자연스러운 과정입니다. 아이들은 실수를 통해 자신이 어느 부분에서 약한지 깨닫고, 점점 더 정확하게 문제를 푸는 능력을 키워 갑니다. 부모님의 역할은 아이의 실수를 단순히 지적하는 것이 아니라, 아이가 스스로 실수를 인식하고 수정할 수 있도록 돕는 것입니다. 실수를 해도 괜찮다고 안심시켜 주세요. 중요한 것은 실수를 인정하고, 다음에는 실수를 줄여 나가려는 과정입니다. 부모님이 아이를 믿고 기다려 준다면, 아이는 자신감을 가지고 연산 실수를 줄이기 위해 노력할 것입니다.

적절한 난이도와 도전 과정 제공하기

    수학은 단순히 같은 패턴을 반복하는 학문이 아닙니다. 아이가 수학을 잘하기 위해서는 적절한 도전 과정이 필수적입니다. 너무 쉬운 문제만 풀면 금세 지루해지고, 반대로 너무 어려운 문제만 만나면 쉽게 포기하고 싶어지죠. 결국, 아이가 적절한 난이도의 문제를 만나 스스로 해결해 나가는 과정에서 수학 실력이 쌓이게 됩니다. 하지만 아이에게 맞는 방법을 찾으려다 보면 언제나 고민이 앞서는 것도 사실입니다.

    "심화서를 언제 시작해야 할까?"

    "사고력이 좋을까? 심화 수학이 좋을까?"

    "선행 학습은 해도 될까?"

이와 같은 질문들은 모두 아이 수학 공부 방향에 대한 고민에서 비롯됩니다.

이번 장에서는 심화 학습을 시작하기 좋은 시기와 심화 수학과 사고력 수학의 차이점, 심화서 공부 시 겪는 어려움과 해결 방법, 그리고 선행 학습의 적절한 방향에 대해 이야기해 보겠습니다. 아이 수학 학습이 재미있고 도전적인 경험이 되도록 함께 방법을 고민해 봅시다.

심화서를 보기 딱 좋은 시기

심화서를 보기 좋은 시기는 언제일까요? 이 질문을 받을 때마다 저는 항상 같은 답을 합니다.

"무조건 초등학교 1학년이 가장 좋습니다!"

심화서란 기본 개념을 넘어 더 깊이 있는 문제를 다루는 책입니다. '심화(深化)'란 '점점 더 깊어지는 과정'을 의미하며, 난이도가 올라갈수록 문제의 복잡성도 함께 증가합니다. 그래서 가장 쉬운 1학년 때부터 시작하는 것을 권합니다.

대표적인 심화서 중 하나인 《최상위 수학》을 보면, 1학년 1학기 하이레벨 문제는 단원당 2문제 정도로 적습니다. 그럼에도 불구하고 아이들은 '최상위'라는 단어가 적힌 책을 푸는 것만으로 큰 자신감을 갖게 됩니다. 점차 문제 수가 늘어나면서 4문제, 8문제, 10문제로 확장되어 난이도 높은 문제에도 도전할 수 있게 됩니다.

처음부터 어려운 문제를 많이 접하면 포기하는 경우가 많지만, 1학년 심화서는 문제 수가 적어 부담 없이 시작할 수 있습니다. 저학년부터 심화서와 친해지면, 아이들은 심화서를 '어려운 책'이 아닌 '자연스럽게 나도 풀 수 있는 책'으로 인식하게 되며, 이 과정에서 끈기와 인내심을 기를 수 있습니다. 물론 심화서를 푸는 과정이 늘 쉽지는 않습니다. 때로는 문제를 포기하고 싶을 정도로 어려움에 부딪히기도 하지만, 꾸준한 학습을 통해 문제를 끝까지 해결하려는 힘을 키우게 됩니다. 이런 이유로 저학년 때 시작하는 것이 가장 이상적이라고 봅니다.

이미 고학년이 된 아이들은 어떻게 해야 할까요? 초등 고학년이 될 때까지 심화서를 접하지 못했다면, 갑자기 본 학기 심화서를 푸는 것은 쉽지 않으므로 한 학기 또는 한 학년 아래 단계의 심화서부터 시작하는 것이 좋습니다. 쉬운 문제는 생략하고 난이도 있는 문제만 푸는 전략으로 시간을 효율적으로 사용할 수 있습니다. 최상위 수학이 어렵다면 《최상위S》나 《최고수준S》 같은 난이도가 다소 낮은 심화서를 선택하는 것도 좋은 방법입니다.

심화서마다 난이도 차이가 크므로, 유명한 책을 무조건 선택하기보다 아이 수준에 맞는 책을 찾는 것이 중요합니다. 오안수학을 운영하며 아이들에게 심화서를 추천할 때, 출판사나 어른들이 제시

한 난이도와 실제 아이들이 느끼는 난이도가 많이 다른 것을 종종 느낍니다. 심지어 같은 책이라도 가정마다, 학년마다 느낌이 다르고, 아이들마다 어려워하는 단원이 다르기에 우리 아이가 어려워하는 단원을 기준으로 심화서를 고르는 것이 가장 좋습니다.

예를 들어 도형 단원을 어려워하면 도형 문제집을, 대수를 어려워하면 대수 문제집을 기준으로 선택하는 것입니다. 3학년부터 다양한 심화서가 나오지만 모두 다 풀 필요는 없습니다. 제대로 된 1~2권에 집중하는 것이 더 효과적입니다.

결론적으로 심화서는 언제 시작해도 좋으며, 중학교 입학 전 반드시 한 번은 경험하도록 부모님이 격려하고 이끌어 주시길 바랍니다. 심화서를 경험하면 중학교에서 난이도가 갑자기 올라가도 포기하지 않고 잘 해낼 수 있습니다.

심화냐 사고력이냐, 뭘 택하죠?

초등 저학년 시기에는 학교 수업이 일찍 끝나고 주요 과목도 국어와 수학이 중심이 되어, 아이들은 예체능 학원과 함께 사고력 수학 학원을 다니거나 사고력 문제집으로 수학적 사고력을 키우기도 합니다. 이 시기는 비교적 시간이 여유로워 아이들도 큰 부담 없이 즐겁게 학습할 수 있습니다.

하지만 초등 3학년이 되면 과목 수가 늘고 학습량도 많아져, 사고력 수학을 병행하기가 쉽지 않은 상황이 됩니다. 특히 수학 학습에 드는 시간이 늘어나면서 부모님들은 이런 고민을 하게 됩니다.

"사고력 학원은 언제까지 보내야 할까?"

"사고력 대신 심화서만 보면 안 될까?"

"시간이 부족한데, 사고력 문제집을 꼭 풀어야 하나?"

저는 초등 3학년 이후부터는 심화 문제집과 사고력 문제집의 차이가 크지 않다고 봅니다. 이 시기부터는 수학이 흥미나 재미보다는 필수 과목으로 인식되는 시점이기 때문입니다.

이때는 시간과 노력이 유한하므로 최대한 효율적으로 공부하는 것이 중요합니다. 중복 학습을 줄이고, 심화서를 통해 깊이 있는 공부에 집중하는 것이 더 효과적일 수 있습니다. 심화서는 충분히 사고력을 대체할 수 있는 역할을 합니다.

사고력 문제집은 '생각하는 힘'을 키우는 데 초점을 맞추지만, 심화서 역시 문제 해결을 위해 많은 사고를 요구하는 문제들로 구성되어 있습니다. 따라서 심화서가 교과 진도와도 맞고 깊이 있는 학습 수단으로서 더 나은 선택일 수 있습니다.

3~4학년 이후에는 사고력 문제집을 반드시 고집할 필요는 없습니다. 아이가 사고력 수학을 진심으로 즐기고 있다면 계속해도 좋지만, 그렇지 않다면 차라리 심화서를 집중해서 푸는 것이 훨씬 효율적일 수 있습니다.

결론적으로 초등 저학년에는 사고력 문제집이 수학에 대한 흥미와 재미를 높이는 좋은 도구가 될 수 있지만, 3학년 이후부터는 심화서로 대체해도 무방하니 너무 걱정하지 않으셔도 됩니다.

심화서만 보면 고통스러워 하는데, 꼭 시켜야 할까요?

이 질문은 제가 인스타그램 라이브 방송에서 굉장히 많이 받는 질문입니다. 그만큼 많은 부모님들에게 심화서는 고통스러운 시간으로 느껴지기 때문일 겁니다. 그래서 피해가고 싶은 마음에 "아이가 심화서를 푸는 걸 너무 힘들어 하는데, 꼭 시켜야 할까요?"라고 물어보시곤 합니다.

사실 심화서를 풀 때 아이들은 어려워하고 지쳐 보일 때가 많습니다. 하지만 이 시간을 '고통의 시간'이 아니라 '도전의 시간'으로 바라보면 어떨까요? 오늘 심화서를 보지 않은 아이가 과연 다음번에는 스스로 심화서를 찾을까요? 앞서 말씀드렸듯, 초등 1~2학년 심화서가 가장 쉽습니다. 이때부터 심화 문제에 자연스럽게 익숙해지면, 어려운 문제를 만났을 때 포기하지 않고 도전하는 힘이 길러집니다.

하지만 아이가 조금 더 크고 나면 쉬운 문제나 아는 문제만 하려는 경향이 강해집니다. 이때 갑작스럽게 심화서를 접하는 것은 쉽지 않은 일입니다. 일부 의지가 강한 아이는 가능하지만, 대부분 아이는 그럴 수 없습니다. 공부 습관은 어릴 때부터 만들어지기 때문입니다.

심화서를 꾸준히 본 아이들은 어려운 문제를 만났을 때 "이 정도는 할 수 있어!"라는 태도를 가질 가능성이 높습니다. '못 풀 수도 있지만 도전하려는 마음가짐'이 중요한 차이입니다. 반대로 심화서를 한 번도 경험하지 않은 아이가 5학년이 되어 갑자기 심화서에 흥미를 느끼기는 어렵습니다. 공부는 하던 아이가 계속 하게 되고, 하던 아이가 잠시 쉬어갈 수도 있는 것입니다.

부모님의 피하고 싶은 마음은 고스란히 아이에게 전달됩니다. 그러면 서로가 그 순간을 피하고 싶어져서 심화서 공부에 부정적인 분위기가 생기기 쉽습니다. 그렇다면 과연 수학 문제를 푸는 것이 정말 '견딜 수 없는 고통'일까요? 이 작은 도전마저 견디지 못하면, 아이가 세상에 나가서 더 큰 도전에 맞섰을 때 어떻게 견딜 수 있을까요? 저는 인생 전반에 대한 태도는 초등 시절 공부했던 태도에서 출발한다고 믿습니다.

결국 이 문제는 공부의 어려움이 아니라 부모님의 마인드에 달려 있습니다. 부모가 '아이가 너무 힘들어 보이는데, 포기해야 하나?'라고 생각하면 아이도 '어려우니까 안 해도 되겠구나.'라고 느끼게 됩니다. 도전하는 아이로 키우고 싶다면 마인드를 바꾸셔야 합니다.

심화서를 '고통의 시간'이 아니라 '도전의 시간'으로, '힘든 과정'이 아니라 '성장의 과정'으로 보세요. 문제를 풀다가 틀려도 괜찮습니다. 도전하다 실패하는 것이 인생이니까요. 실패를 경험한 아이는 실패를 무서워하지 않습니다. 틀려도 문제를 풀기 위해 도전하는 것, 이것은 수학 실력 향상을 넘어 인생 태도에도 영향을 줍니다.

쉬운 문제만 풀어서는 수학 실력이 자라지 않습니다. 힘든 문제에 맞서 해결하는 과정을 통해 아이는 점점 단단해집니다. 심화서를 또 하나의 도구로 생각해 주세요. 그것은 고통스러운 책이 아니라, 실력을 키우는 든든한 도구가 될 것입니다.

중학교 때는
나오지 않는
개념들

초등학교 수학 공부에서 아이들을 특히 힘들게 하는 개념들이 있습니다. 그런데 흥미롭게도 이 중 일부는 중학교에 가면 거의 쓰이지 않거나 완전히 다른 방식으로 바뀌는 경우가 많습니다. 대표적인 예가 대분수와 3.14로 배우는 원주율입니다. 초등학교에서는 이런 개념들을 반복해서 연습하지만, 중학교에서는 거의 사용하지 않습니다.

그렇다면 초등학교 때 이 개념들을 얼마나 깊이 공부해야 할까요? 그리고 왜 중학교에서는 더 이상 사용하지 않는 걸까요? 초등 내내 아이들에게 가장 어려운 단원 중 하나가 분수인데, 특히 대분수와 가분수의 전환 단계에서 많은 아이들이 어려움을 겪습니다.

이 과정에서 많은 연습 문제를 반복하다 보니 분수가 지루하게 느껴질 수도 있습니다. 그러나 중학교에서는 대분수를 전혀 사용하지 않고, 모든 계산을 가분수 형태로 진행합니다.

따라서 초등 부모님들은 대분수를 가분수로 변환하는 연습을 중요하게 여기되, 완벽하지 않다고 해서 걱정할 필요는 없습니다. 중학교에서 수학을 못하는 것은 아니기 때문입니다. 물론 현 교육 과정을 따라가려면 어느 정도 기초가 되어야 하지만, 중학교에서는 새로운 기회가 주어지므로 너무 부담을 갖지 않으셔도 됩니다.

초등학교 6학년 때 배우는 원주율 3.14도 마찬가지입니다. 원주율 계산을 위해 우리가 소수를 그렇게 열심히 공부했나 싶을 정도로 자주 등장합니다. 어떤 교육 과정에서는 원주율을 3으로 써도 되었고, 또 다른 교육 과정에서는 반드시 3.14로 써야 하는 경우도 있었습니다. 이 때문에 아이들은 혼란을 겪었고, 가르치는 부모님의 부담도 커졌습니다.

하지만 중학교에 가면 이런 차이가 모두 통합되어 일관되게 가르치기 때문에, 아이들도 보다 명확한 기준 속에서 배우게 됩니다. 이 과정에서 초등에서의 혼란은 자연스럽게 해소됩니다.

원의 넓이 공식(초등학교)	원의 넓이 공식(중학교)
3.14 × 반지름 × 반지름	πr^2

이렇게 공식 자체도 심플해지고, 3.14 소수점 두 자릿수의 계산이 사라지니 아이들이 계산을 오히려 덜 힘들어 하기도 합니다. 그러니 초등학교 학부모라면 원주율 3.14를 이용한 계산을 연습하는 것은 필요하지만, 너무 실수 없이 완벽한 계산을 바라며 지적하지 않아도 된다는 것입니다. 오히려 중학교에 가면 π기호로 대체되므로, 왜 쓰는지 개념을 이해하는 것이 더 중요합니다.

그리고 없어지는 것이 있다면 나눗셈 기호($\div$)입니다. 나눗셈 기호는 초등 이후에는 찾아보기가 힘들어집니다. 나눗셈은 분수로 대체되기 때문입니다(ㄱ$\div$ㄴ=$\frac{ㄱ}{ㄴ}$). 중학교 가서 만나는 방정식이나 함수에도 모두 분수 형태로 등장합니다. 그렇기에 아이들이 분수를 잘해야 하는 것이고, 분수에서 무너지면 중등 계산이 무너진다는 말이 생겨난 것일지도 모르겠습니다.

초등학교 학부모인 우리는 어떻게 지도를 해야 할까요? 나눗셈을 연습할 때 나눗셈은 결국 분수와 같은 의미 라는 점을 강조해 주시면 됩니다. 예를 들어 '3$\div$6'은 $\frac{3}{6}$과 같다는 개념을 자연스럽게 익힐 수 있도록 도와주는 것입니다.

이처럼 중학교에서 잘 사용하지 않는 개념들은 초등학교 때 너무 깊이 파고들 필요는 없습니다. 특히 대분수, 3.14 원주율, 나눗셈 기호, 약수와 배수 나열 같은 개념들은 초등학교에서 충분한 연습이 필요하지만, 한 번 이해한 후에는 지나치게 집착할 필요는 없습니다.

개념	초등학교에서 사용	중학교에서 사용
대분수	사용	가분수로 변환하여 사용
원주율 3.14	직접 대입해서 계산	기호 π로 표현
약수와 배수	직접 나열해서 구함	소인수 분해를 활용하여 구함
나눗셈 기호	일반적으로 사용	분수 형태로 바꿔 사용

단, 이 부분들을 대충하고 넘어가라는 뜻은 아닙니다. 지나친 완벽함을 추구하기보다는 개념의 원리를 제대로 이해하는 것이 더 중요합니다. 단순 반복 연습보다 개념이 중학교에서 어떻게 변하는지를 알고 학습하는 태도가 필요한 시기임을 기억해야 합니다.

매일 수학 공부, 계획표 짜기

공부는 무작정 하면 쉽게 무너지기 마련입니다. 처음에는 의욕이 넘쳐 열심히 하겠다고 다짐하지만, 계획 없이 진행하면 금세 지치고 포기하게 됩니다. 그래서 공부를 시작할 때는 반드시 계획표를 짜 두는 것이 중요합니다. 특히 수학은 꾸준함이 필요한 과목이므로, 현실적이고 실천 가능한 계획을 세우는 것이 핵심입니다.

공부 계획표는 '주 단위로' 시작하기

너무 길게 계획을 세우면 예상치 못한 변수로 계획이 틀어질 때마다 좌절감이 반복될 수 있습니다. 그래서 저는 '주 단위' 계획을 추천합니다. 한 주 동안 해야 할 공부를 정리하고, 월요일부터 금요일까지 나누어 진행하는 방식을 선호합니다.

많은 분들이 매일 공부해야 한다고 생각하지만, 저는 주말이나 공휴일은 꼭 쉬는 것을 중요하게 생각합니다. 공부 역시 체력과 집중력을 필요로 하며, 충분한 휴식은 더 좋은 성과로 이어지기 때문입니다. 잘 쉬는 법을 어릴 때부터 배우면, 어른이 되어 스스로 몸과 마음을 잘 돌보는 데 큰 도움이 됩니다. 이는 인생을 장기적으로 바라볼 때 매우 중요한 부분이며, 초등학교 시절에 연습해 볼 좋은 기회입니다.

아직 어린 아이들이기에 일주일 내내 공부만 하는 것은 오래 지속하기 어렵기 때문에, 주 단위로 계획을 세워 주중에 집중적으로 공부하고, 주말에는 부득이하게 미뤄진 공부를 보충하는 정도로 계획하시면 좋습니다.

현실적인 계획을 짜야 합니다

공부 계획표는 아이의 생활 패턴과 실제 공부 가능한 시간을 고려해 짜야 합니다. 많은 부모님들이 "이 정도는 해야지!"라는 생각에 무리한 스케줄을 짜는 경우가 많습니다. 적당한 학습량이 분명히 존재하는데, 너무 적어도 좋지 않고 너무 많아도 오히려 독이 될 수 있습니다.

계획을 세울 때는 아이의 하루 일정을 꼼꼼히 살펴야 합니다. 학원 시간, 예체능 연습, 독서 시간 등 공부 외의 시간을 제외하고, 순수하게 책상에 앉아 수학 공부를 할 수 있는 시간을 파악하는 것이 필요합니다. 하루 공부 시간이 너무 많으면 무리가 되고, 너무 적으면 계획을 제대로 소화하지 못할 가능성이 높습니다.

먼저 문제집을 미리 살펴보고 아이와 함께 적절한 학습량을 정하는 것이 좋습니다. 문제집마다 한 페이지 문제 수가 다르기 때문입니다. 어떤 책은 한 페이지에 2문제인 경우도 있고, 연산 문제집은 40문제가 넘기도 합니다. 아이와 엄마가 서로 타협점을 찾아 공부량을 결정하는 것이 중요하며, 보통 아이가 정한 양과 엄마가 정한 양의 평균 정도가 적당합니다.

난이도가 높은 문제집은 하루에 많이 풀기 어려운 경우가 많으니, 이럴 때는 하루 한 장 또는 한 장 반 정도로 장수를 조절해 꾸준히 공부하는 계획을 세우는 것이 좋습니다.

계획표는 월요일 아침에 짜기보다는 일요일 저녁에 미리 짜 두는 것이 한 주를 준비하는 데 훨씬 효과적입니다. 미리 계획을 세우는 것 자체가 월요일을 시작하는 의미이며, 한 주 동안 해야 할 공부를 미리 예상할 수 있어 시간 관리를 더 잘할 수 있게 됩니다.

변수를 고려한 유연한 스케줄 운영하기

살다 보면 예상치 못한 변수가 생기는 것은 자연스러운 일입니다. 갑자기 아파서 공부를 못할 수도 있고, 학원 일정이 바뀌거나 예상보다 공부 시간이 더 길어질 수도 있습니다. 이런 변수를 감안해 주말은 보충 학습 시간으로 활용하는 것이 좋습니다.

그래서 저는 주 5일 정도 스케줄을 추천하며, 주중에 못한 공부를 주말에 보충한다는 인식을 아이에게 심어 주는 것이 중요하다고 생각합니다. 만약 주중에 할 일을 모두 마쳤다면, 주말에는 충분한 휴식을 취하는 것도 좋은 경험입니다.

하지만 주말까지 스케줄이 빽빽하면 변수가 생길 때마다 계획이 밀려, 아이와 부모 모두 '우린 계획을 지키지 못하네.' 하는 좌절감을 느낄 수 있습니다. 따라서 자신이 설정한 목표 스케줄을 완수하는 경험이 중요하므로, 주중 계획은 현실적으로 세우는 것이 핵심입니다. 공부를 무작정 시작하면 쉽게 지치고 포기하게 됩니다. 특히 수학은 꾸준한 학습이 중요하기 때문에 현실적인 계획을 세워 성취감을 유지하는 것이 핵심입니다.

계획을 성공하는 방법: 작은 성공부터 시작!

공부 계획표는 단순히 계획을 세우는 데 목적을 두는 것이 아니라, 실제로 실행하는 것이 더 중요합니다. 이를 위해서는 작은 성공을 경험하며 성취감을 느끼는 과정이 필수적입니다.

매주 계획을 세우고, 그 계획이 얼마나 잘 실행되었는지 피드백하는 시간을 갖는 것이 중요합니다. 계획이 제대로 지켜지지 않았다면 그 이유를 분석하고, 다음 주 계획을 어떻게 조정할지 고민해 볼 수 있습니다. 반대로 계획이 잘 지켜졌다면, 다음부터는 2주, 4주 단위로 조금씩 기간을 늘려서 계획을 세워 보는 것도 좋은 방법입니다. 또한 계획표는 항상 아이가 쉽게 볼 수 있는 곳에 붙여 두는 것이 좋습니다. 매일 공부한 내용을 체크리스트처럼 표시하고 지워 나가면서 성취감을 느낄 수 있기 때문입니다.

오늘 계획을 다 지킨 나에게 주는 작은 선물, 자유를 만끽하는 기분! 별것 아니지만 아이들은 이런 경험을 오래 기억합니다. 이 경험은 강력한 동기부여가 되고, 결국 스스로를 잘 관리하며 성장하는 어른으로 만드는 밑거름이 됩니다.

다음 스케줄은 실제로 아이가 직접 만든 방학 전용 스케줄입니다. 단원이 끝날 때마다 다른 색으로 표시해 단원 평가를 보고, 필요한 단원 보충 학습도 하도록 구성되어 있습니다. 방학이 끝나면 암기 과목이 추가되고 스케줄이 일부 변경되기도 합니다. 아이는

월	화	수	목	금
☐ MRS ~unit 16	☐ MRS ~unit 18	☐ MRS ~unit 20	☐ MRS ~unit 22	☐ MRS ~unit 24
☐ 어휘2 ~41p	☐ 어휘2 ~45p	☐ 어휘2 ~49p	☐ 어휘2 ~53p	☐ 어휘2 ~57p
☐ 독해2 ~27p	☐ 독해2 ~31p	☐ 독해2 ~35p	☐ 독해2 ~39p	☐ 독해2 ~43p
☐ 수학 ~39p	☐ 수학 ~43p	☐ 수학 ~45p	☐ 수학 ~54p	☐ 수학 ~59p
☐ 수학W.B ~4p	☐ 수학W.B ~7p	☐ 수학W.B ~10p	☐ 수학W.B ~13p	☐ 수학W.B ~16p
☐ Rit ~unit 1	☐ Rit ~unit 2	☐ Rit ~unit 3	☐ Rit ~unit 4	☐ Rit ~unit 5

이 스케줄을 바탕으로 하루를 계획하며, 눈을 뜨면 오늘 어떤 공부를 어떤 순서로 할지 정하고, 학원에 다녀오는 빈 시간 사이에 어떤 공부를 할지 계획합니다. 겉보기에는 간단해 보여도 그 안에는 많은 실천과 노력이 담겨 있습니다. 특히 초등 저학년이라면 더 세분화된 계획이 도움이 될 수 있습니다.

공부는 습관입니다. 습관이 되기 위해서는 수많은 시행착오와 지겨운 시간을 견뎌내야 합니다. 이런 재미없는 과정이 자연스러운 일상이 되기란 혼자의 힘만으로는 쉽지 않습니다. 초등 시절 엄마와 함께 세워본 계획표를 실행하고, 그 성취감과 뿌듯함을 경험하는 과정이 쌓이면 아이는 스스로를 잘 관리하는 어른으로 성장합니다. 어쩌면 이것이 진정한 공부의 목표일지도 모릅니다.

수학 자신감 올려주는 시험 리스트

　수학 시험은 난이도와 목적에 따라 다양한 종류가 있습니다. 극도로 난이도가 높은 시험부터, 누구나 참여하면 선물을 받을 수 있는 시험까지 폭넓게 존재합니다.

　초등학생이 응시할 수 있는 최고 난이도의 시험으로는 '한국주니어수학올림피아드(JKMO)'가 있으며, 그다음으로 '전국영어수학학력경시대회(구 성대경시)'가 많이 알려져 있습니다. 이들 시험은 난이도가 매우 높아 일정 수준 이상의 실력을 갖춘 학생이 아니면 도전하기 어렵습니다. 그래서 준비 없이 무작정 응시하는 것은 권장하지 않습니다. 준비가 부족한 상태에서 응시해 문제를 거의 풀지 못하면 좌절감이 심해져 다시는 도전하지 않으려 할 수도 있기 때문입니다.

따라서 초등학생 시기에는 수학에 대한 자신감을 키울 수 있는 시험을 선택하는 것이 중요합니다. 이때 주로 '학력평가'라는 명칭을 가진 시험들이 적합합니다. 학력평가는 난이도가 비교적 낮고, 학생들이 부담 없이 참여할 수 있게 설계되어 수학에 대한 긍정적인 경험을 쌓기에 좋습니다.

184쪽 표에서 대표적인 학력평가 시험들과 그 장단점을 정리해 드리겠습니다. 수학 시험은 난이도와 목적에 따라 다양한 종류가 있습니다. 극도로 난이도가 높은 시험부터, 누구나 참여하면 상장을 받을 수 있는 시험까지 폭넓게 존재합니다.

이러한 학력평가 시험들은 비교적 무난하게 응시할 수 있으며, 어떤 시험을 선택해도 괜찮습니다. 대부분의 경우, 매일 꾸준히 공부해 온 학생이라면 최소한 50점 이상은 무리 없이 받을 수 있습니다. 집에서 혼자 공부를 하다 보면 공부의 필요성을 느끼지 못할 때가 많습니다. 특히 학교 시험이 지나치게 쉬운 경우, 집에서 하는 공부가 더 어렵게 느껴지거나 불필요하다고 생각될 수도 있습니다.

하지만 이러한 시험을 통해 전국 단위 성적을 확인할 수 있으며, 아이는 학교 밖의 수학 세계를 경험할 기회를 갖게 됩니다. 결국 공부는 더 넓은 세상으로 나아가기 위한 과정이기도 합니다. 주기적인 학력평가를 통해 집에서의 공부가 잘 진행되고 있는지 점검하는 것도 좋은 방법이라고 생각합니다.

대표적인 초등 수학 학력평가 시험

시험명	TESOM	KUT	KMA	HME
주관사	비상교육	고려대학교	에듀왕	해법수학
비용	40,000원	35,000원	40,000원	40,000원
온/오프라인	온/오프라인	온라인	오프라인	온라인
학년	초1~중3	초1~중2	초1~중3	초1~중3
시상 (메달+ 상장)	100점 대상 99점~80점 최우수상 79점~70점 우수상	100점 대상 90점 이상 최우수상	90점 이상 금상 80점 이상 은상 70점 이상 동상	100점 대상 80점 이상 최우수상 72점 이상 우수상
상장만	69점~60점 장려상 60점 미만 탐험상	75점 이상 우수상 50점 이상 장려상	50점 이상 장려상	60점 이상 장려상
특징	시험을 응시만 해도 상장을 줌	제일 저렴한금액	유일한 오프라인 시험	1991년 처음 시행
사이트	www. tesom.co.kr	www. kutest.co.kr	www. kma-e.com	hme. chunjae.co.kr

아이에게 힘이 되는 엄마의 연기

아이와 공부를 하다 보면, 엄마가 마치 연기자처럼 행동해야 하는 순간이 있습니다. 집에서 엄마표 수학을 한다는 것은 엄마가 선생님 역할을 한다는 의미이지만, 엄마가 완벽한 선생님이 될 수 없는 이유가 있습니다.

학원 선생님은 아이의 학습 상태만을 체크하지만, 엄마는 아이의 감정, 성향, 학습 태도 등 모든 것을 알고 있기 때문입니다. 그래서 아이가 공부를 못하면 단순히 '공부를 못했다'고 생각하는 것이 아니라, 그 책임을 자기 자신에게 돌리는 경우가 많습니다.

"내가 더 잘 가르쳤어야 하나?"

"혹시 내가 아이에게 좋은 공부 습관을 만들어 주지 못한 걸까?"

"엄마표 수학이라고 했는데, 내가 잘못하고 있는 거 아닐까?"

이런 생각들이 쌓이면 엄마의 감정이 그대로 공부 시간에 묻어나게 됩니다. 칭찬보다는 아쉬운 점이 먼저 보이고, 격려보다 부족한 점이 눈에 띄기 쉽습니다.

하지만 엄마가 좋은 연기자가 된다면 모든 것이 달라집니다. 엄마가 자신의 감정을 잘 컨트롤하고, 적절한 순간에 적절한 역할을 해 주는 것이 아이 학습 효과를 극대화하는 가장 좋은 방법입니다. 그렇다면 엄마는 어떤 연기를 해야 할까요? 상황별로 엄마가 할 수 있는 연기법에 대해 알려드리겠습니다.

아이에게 자신감을 심어 주는 '열정적인 관객' 되기

아이가 공부할 때 가장 큰 힘을 얻는 순간은 '내가 잘하고 있구나!'라는 느낌을 받을 때입니다. 그런데 많은 부모님들은 아이가 맞힌 문제보다 틀린 문제에 더 집중하는 경향이 있습니다. 아이가 20문제 중 18문제를 맞혔는데도 틀린 2문제에만 신경 쓰거나, "이거 왜 틀렸어? 실수야?"라고 먼저 지적하는 경우가 많지요. 이런 반응은 아이가 성취감을 느끼지 못하게 하고, 실패한 느낌을 더 크게 만드는 원인이 됩니다.

이럴 때 엄마는 '열정적인, 최고의 관객' 역할을 해야 합니다.

"우와! 오늘 19개나 맞혔네? 정말 대단하다!"

"틀린 문제도 한번 볼까? 이건 네가 조금만 더 생각했으면 맞힐 수 있었을 거야!"

"어제보다 오늘 더 잘했으니, 내일도 잘할 거야!"

이렇게 긍정적으로 반응하면 아이는 "내가 꽤 잘하고 있구나."라는 생각을 하게 됩니다. 과장된 박수와 칭찬은 아이에게 "내가 할 수 있는 아이구나."라는 자신감을 심어줍니다. 아이들은 부모의 반응을 보고 자신의 실력을 평가하기 때문에, 부모가 칭찬을 아끼지 않으면 아이는 자신감을 갖고 공부를 더욱 즐길 수 있습니다.

공부를 하기 싫어하는 아이 앞에서 '냉정한 감독' 되기

어떤 날은 아이가 "오늘은 공부하기 싫어!"라고 말할 수 있습니다. 이럴 때 부모가 무조건 봐주거나, 반대로 너무 강압적으로 시키면 오히려 역효과가 납니다. 부모는 이럴 때 적절한 균형을 맞출 수 있는 냉정한 감독의 역할이 필요합니다.

"그래, 놀고 싶은 날도 있지! 그런데 오늘 할 공부를 내일로 미루면 더 많아져서 힘들 거야!"

"시작이 힘들지, 시작만 하면 금방 끝날 수도 있어!"

"오늘 힘들면 10분만 해볼까?"

이처럼 공부는 해야 한다는 태도를 유지하면서도 강압적이지 않게 설득하는 것이 중요합니다. '조금만 해 보자'는 식으로 유도하면 아이도 부담을 덜 느끼게 됩니다. 때로는 작은 보상으로 동기부여를 해 주는 것도 좋습니다. 예를 들어 끝나고 좋아하는 간식을 준비하거나 예쁜 필기구를 선물하는 방법이 있습니다.

또한, 아이가 어려운 문제로 좌절할 때는 '든든한 멘토'가 되어 주는 것이 필요합니다. 어떤 문제는 아이가 도저히 풀지 못할 수도 있는데, 부모도 아이의 연령 때 그만큼 열심히 하지 않았을 수 있습니다. 그런 순간에 "이걸 왜 몰라?", "어제 배웠잖아!"라고 하면 아이는 오히려 좌절감만 커집니다.

이럴 때 부모는 아이의 좌절감을 키우기보다는 든든한 멘토가 되어야 합니다.

"이 문제는 원래 어려운 거야. 너니까 이렇게 도전하는 거야!"

"엄마가 도와줄게! 필요하면 언제든 불러."

"아빠랑 같이 해볼까?"

부모가 문제 해결을 함께 고민하는 공동 해결자의 역할을 해 주면, 아이는 부담을 덜 느끼고 문제 해결에 집중할 수 있습니다. 이로써 아이는 좌절하기보다는 '어떻게 해결할까?'라는 긍정적인 사고방식을 키울 수 있게 됩니다.

집공부로 수학 공부를 시킨다는 것은 단순히 문제를 풀게 하는 것을 의미하지 않습니다. 아이가 좌절할 때는 든든한 멘토가 되어주고, 공부하기 싫어할 때는 냉정한 감독 역할을 하며, 성취감을 느낄 때는 최고의 관객이 되어 진심 어린 박수를 쳐줘야 합니다.

아이들은 부모의 눈빛과 말투, 감정을 예민하게 읽어냅니다. 엄마가 '연기자'가 된다는 것은 감정을 억누르는 것이 아니라, 아이의 학습 상황과 기분에 맞게 적절히 감정을 조절하는 것을 뜻합니다. 엄마가 먼저 태도를 바꾸면 아이의 공부 태도도 자연스레 달라지고, 그 결과 수학이라는 큰 산을 넘는 과정이 더 즐겁고 의미 있는 여정이 될 것입니다.

PART 4

답답한 엄마 마음 뻥 뚫어 주는 오안쌤 Q&A

수학 선행,
꼭 해야 될까요?

수학 선행에 관한 논쟁은 끊이지 않습니다.

"현행 학습을 충실히 해야 한다."

"선행 학습은 필요 없다."

"그런데 다른 아이들은 다 선행을 하고 있잖아?"

이처럼 다양한 의견이 존재하고, 아이들이 다니는 학원의 진도를 들으면 "우리 아이만 뒤처지는 건 아닐까?" 하는 불안감이 들기도 합니다. 하지만 저는 선행을 위한 선행이 아니라, 하다 보니 선행이 되어야 한다고 생각합니다.

예를 들어 수학 문제집 한 권을 매일 2장씩 푼다면, 보통 3개월 안에 끝낼 수 있습니다. 1년이 12개월이니, 3개월마다 한 학기가 끝난다고 가정하면 약 2년 정도의 진도를 자연스럽게 볼 수 있는 셈입니다(이는 극단적인 예시이며 권장하는 방법은 아닙니다).

꾸준히 매일 공부한다면 선행을 안 하고 있다는 것이 오히려 이상한 상황일지도 모릅니다. 초등 1학년부터 매일 성실히 공부하는 아이들은 특별히 선행을 목표로 삼지 않아도 자연스럽게 선행이 되어 있는 경우가 많습니다. 이것이 바로 '하다 보니 된 선행'입니다.

반면에 많은 부모님들이 '빨리 진도를 나가야 한다'는 조급함에 개념을 대략 훑고 충분한 연습 없이 빠르게 나가는 '초 치기 선행'을 시도하는 경우가 있습니다. 선행을 할 때는 반드시 심화서까지 함께 공부해야 합니다. 단순히 개념만 익히고 넘어가면 개념이 완전히 정리되지 않아, 문제를 풀 때 아는 듯하면서도 틀리는 경우가 잦아집니다. 이러한 선행은 결국 모래성을 쌓는 것과 같습니다.

개념을 깊이 이해하지 못한 채 진도만 빨리 나가다 보면 어느새 수학 실력이 무너지고, 다시 잡으려 해도 어디서부터 시작해야 할지 모르는 상태가 됩니다. 수학에서는 빠른 진도보다는 탄탄한 개념 구축이 중요합니다.

그래서 올바른 선행은 '빨리 나가는 것'을 목표로 해서는 안 됩니다. 결국 선행은 '해야 할 것'이 아니라 '되는 것'입니다. 중요한 개념을 채우고 다지면서 공부하면 시간이 지나 자연스럽게 학교 진도보다 앞서게 됩니다. 따라서 무리한 진도 계획과 조바심을 버리고, 먼저 성실한 학습 태도를 기르는 것을 권합니다.

공부 보상, 어떻게 해 주면 좋을까요?

공부를 스스로 계획하고 꾸준히 해내길 바라는 것은 모든 부모의 바람입니다. 그러나 초등학생이 스스로 목표를 세우고 이를 실천하는 것은 쉽지 않은 일입니다. 어린 시절을 떠올려보면, 초등학교 시절부터 체계적으로 계획을 세우고 큰 꿈을 품으며 하루하루를 열심히 보낸 경우는 많지 않기 때문입니다.

그래서 이 시기에는 아이가 완전히 자율적으로 공부하기 어렵다는 점을 인정하고, 대신 적절한 보상을 활용해 학습의 끈을 놓지 않도록 돕는 것이 좋은 방법입니다.

많은 분들이 "공부에 보상을 주면 나중에 보상이 없을 때 공부를 안 할까 걱정 돼요."라고 말하지만, 원래 공부를 하지 않던 아이가 갑자기 스스로 공부를 시작하기는 매우 어렵습니다. '고기도 먹어 본 사람이 많이 먹는다.'는 속담처럼, 먼저 공부하는 습관을 들이는 것이 무엇보다 중요합니다.

책상에 앉아 책을 펴고 공부를 시작했다면 '시작이 반'이라는 말처럼 이미 학습의 여정이 시작된 것입니다. 이 시작 단계에서 적절한 보상이 아이에게 동기부여가 될 수 있다고 생각합니다. 그렇다면 어떤 보상이 효과적일까요?

칭찬 스티커 활용하기

저는 칭찬 스티커를 적극적으로 활용할 것을 추천합니다. 칭찬 스티커는 나이에 상관없이 공부를 처음 시작하는 아이들에게 큰 동기부여가 될 수 있습니다.

단, 단순히 스티커를 붙이는 것에서 끝나면 안 됩니다. 스티커 판이 가득 찼을 때 아이가 어떤 보상을 받게 될지 명확하게 정하는 것이 중요합니다. 이 보상은 물질적인 선물일 수도 있고, 게임 시간과 같은 시간적 보상일 수도 있습니다.

중요한 점은 보상이 부모가 주고 싶은 것이 아니라, 아이가 진심으로 받고 싶어 하는 것이어야 동기부여가 제대로 이루어진다는 것입니다. 또한, 스티커 판에 적힌 목표를 계속 보면서 아이가 스스로 의욕을 다질 수 있도록 돕는 것도 효과적입니다.

칭찬 스티커 주는 횟수

칭찬 스티커를 언제 받을지는 가정마다 다르게 정할 수 있습니다. 예를 들어 하루치 공부를 다 했을 때, 일주일 분량을 완료했을 때, 또는 문제집 한 권을 끝냈을 때 추가로 지급하는 방식 등이 있습니다.

제가 오안수학 스터디 참여자들과 오랜 기간 실험한 결과, 목표 달성을 위한 스티커 개수는 약 45개가 가장 적당했습니다. 50개를 넘기면 아이들이 너무 멀게 느껴 포기하는 경우가 많았고, 40개 이하일 때는 목표 도달이 너무 쉬워 보상의 의미가 약해졌습니다. 따라서 45개 정도가 아이와 부모 모두에게 적절한 목표로 작용하는 것으로 나타났습니다.

보상은 절대 나쁜 것이 아니며, 영원히 지속되는 것도 아닙니다. 처음에는 보상을 통해 공부 습관을 들이게 하지만, 시간이 지나면 아이 스스로 보상이 없어도 공부를 하게 됩니다.

부모님들이 처음에는 믿기 어렵지만, 시간이 흐르면 아이와 부모 모두 보상이 아닌 노력의 결과 자체에 의미를 두게 됩니다. 특히 한 번도 공부 습관을 잡아 본 적이 없거나 공부에 슬럼프를 겪고 있는 아이들에게는 칭찬 스티커가 더욱 효과적인 방법이 될 수 있습니다. 이러한 시기를 좀 더 수월하게 넘길 수 있도록 도와주는 도구로 칭찬스티커를 활용해 보시길 추천드립니다.

오답을 줄이는 올바른 연습장 사용법

수학을 공부할 때 많은 학부모님들은 아이가 항상 100점을 받기를 기대합니다. 아니라고 하지만, 아이가 지난번에 풀었던 문제와 비슷한 유형을 틀리거나, 이미 설명해 준 문제를 또 틀리면 화를 내는 경우가 많습니다. "한 번에 제대로 풀지 그랬냐?"는 말도 자주 하죠.

하지만 아이들은 100점을 맞는 기계가 아닙니다. 어른도 한 번에 완벽하게 할 수 없듯, 아이들도 수학 문제를 풀면서 실수를 하는 것이 당연합니다. 실수를 줄여 나가는 연습 자체가 수학 공부의 중요한 부분이며, 이를 통해 배우는 것이죠.

만약 아이가 모든 문제를 다 알았다면 집에서 공부할 필요가 없겠지만, 아이들은 모르기 때문에 배우려는 마음으로 공부합니다. 당연히 집에서 공부하면서 오답이 나올 수밖에 없습니다.

그럼에도 불구하고 부모는 아이가 오답을 줄이기를 바라지만, 오답을 줄이는 방법에 관한 정보는 많아도 항상 만점을 받는 아이를 찾기는 어렵습니다. 왜냐하면 다양한 방법과 방향은 많지만 실제로 실행하는 사람이 적기 때문입니다. 특히 실행이 거창하거나 연령에 맞지 않는 방법이면 아이가 쉽게 지치게 됩니다.

많은 오답 줄이기 방법이 있지만, 가장 중요한 사실은 이 모든 방법을 부모가 알려주기보다 아이 스스로 깨닫는 것이 가장 효과적이라는 점입니다. 그러니 아이가 오답을 계속 낸다고 자책하거나 원망하지 않으셨으면 합니다. 사람은 누구나 실수하며 성장하기 때문입니다.

연습장 사용, 언제부터 하면 좋을까?

연습장 사용에 관해서는 부모님들과 교사들 사이에 다양한 의견이 존재합니다. 연습장을 사용하면 계산 과정을 명확히 할 수 있어 실수를 줄이는 데 효과적이라는 점에는 대부분 동의합니다.

하지만 모든 초등학생에게 연습장을 권장하는 것은 신중해야 합니다. 특히 초등 저학년의 경우 연습장 사용이 오히려 학습 부담을 늘리거나 수학에 대한 흥미를 떨어뜨릴 가능성이 있기 때문입니다. 그래서 연습장은 언제부터 사용하는 것이 좋을지, 아이의 연령과 학습 과정에 맞춰 적절한 시기를 고민해 보는 것이 필요합니다.

초등 저학년(1-2학년) : 연습장이 꼭 필요하지 않은 이유

초등학교 저학년은 비교적 간단한 연산과 개념 학습이 중심입니다. 이 시기의 아이들은 쓰는 힘이 약하고, 많은 문제를 머릿속으로 암산할 수 있습니다. 예를 들어 1~2학년은 '5 + 3 = □' 같은 문제를 주로 다루는데, 이런 문제는 머릿속으로 충분히 풀 수 있어 연습장 사용이 오히려 비효율적일 수 있습니다.

또한 연습장에 문제를 풀게 하면 아이들에게 부담이 커질 수 있습니다. 간단한 문제도 과도하게 어렵거나 시간이 오래 걸린다고 느껴 수학에 대한 흥미가 감소할 우려가 있습니다. 아이들이 필요성을 느끼지 못하는 연습장 사용 강요는 오히려 수학 흥미를 떨어뜨릴 수 있으므로 주의해야 합니다.

이 시기에는 굳이 연습장을 사용하지 않아도 좋으며, 대신 아이가 문제를 풀고 틀렸을 때 그 이유를 스스로 이해하도록 돕는 것이 중요합니다. 필요 시 손가락이나 간단한 그림을 활용해 문제를 시각화하는 방법도 효과적입니다.

초등 중·고학년(3학년 이후) : 연습장 사용을 시작할 때

초등학교 3~4학년이 되면 수학 문제의 난이도가 높아지고, 암산으로는 해결하기 어려운 문제들이 등장합니다. 이 시기가 연습장 사용을 시작하기에 적절한 시점이라고 할 수 있습니다.

5~6학년에서는 혼합 계산이나 복잡한 수식처럼 풀이 과정이 길고, 계산 순서를 정확히 지키는 것이 중요한 문제들이 나오는데, 예를 들면 '12 + 4 × 3 ÷ 2 - 5 = □' 같은 문제가 있습니다. 이 문제는 계산 순서를 잘못 적용하면 쉽게 틀릴 수 있습니다. 연습장을 활용하면 문제를 단계별로 나누어 풀이 과정을 확인하며 실수를 줄일 수 있고, 틀렸을 때 어느 부분에서 실수가 있었는지 쉽게 확인할 수 있습니다.

이 시기에 연습장을 사용할 때는 작은 목표부터 시작하는 것이 좋습니다. 혼합 계산은 여러 단계를 거치므로, 연습장에 한 줄씩 쓰면서 순서를 점검하는 습관을 들이기에 적합합니다. 연산 문제집에 있는 계산식부터 연습하는 것이 좋으며, 식을 정리하기 편리한 줄 노트를 사용하는 것도 추천합니다. 한 줄 한 줄 차근차근 계산 과정을 써보는 연습은 아이들에게 계산의 논리성을 가르치는 데 도움이 됩니다.

아이가 연습장 사용을 안 하려고 할 때

그럼에도 불구하고 연습장 사용을 거부하는 아이들도 있을 수 있습니다. 이런 경우에는 강요하지 말고 자연스럽게 연습장의 필요성을 느끼도록 돕는 것이 중요합니다.

아이들이 연습장을 사용해야 할 이유를 스스로 깨닫게 하려면, 문제 풀이 과정에서 실수를 경험하게 하는 것도 좋은 방법입니다. 예를 들어, "이 문제를 암산으로 풀었는데 틀렸네? 연습장에 한번 써보면 어떨까?"라고 제안할 수 있습니다. 아이가 연습장을 이용해 문제를 풀면서 실수가 줄어드는 것을 경험하면, 연습장의 필요성을 자연스럽게 이해하게 될 것입니다.

또한 하루 분량 중 어려운 문제나 풀이 과정이 긴 문제에만 연습장을 쓰도록 하는 것도 좋습니다. 모든 문제에 사용하는 것이 아니라 필요한 문제에만 제한적으로 사용하는 것입니다.

종종 연습장을 쓰면 시간이 더 오래 걸린다고 거부하는 아이들도 있는데, 이럴 때는 실제로 오래 걸리지 않는다는 것을 보여주는 게 효과적입니다. 틀리지 않고 꼼꼼히 문제를 푸는 것이, 틀려서 다시 고치는 것보다 시간이 덜 든다는 것을 눈으로 보여주면 아이가 자연스럽게 연습장의 필요성을 깨닫게 될 것입니다.

오답 노트, 초등학생에게 꼭 필요할까?

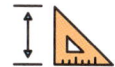

여러분은 언제 처음 오답 노트를 사용하셨나요? 대부분 중학교나 고등학교 시절이었을 것입니다. 시험에서 틀린 문제를 정리하고, 다음 시험을 대비하기 위해 오답 노트를 작성했던 경험은 많은 분들이 공감할 수 있습니다.

최근 초등학생 학부모들도 오답 노트에 관심을 가지며 "언제부터 아이에게 오답 노트를 만들어 주어야 할까요?"라고 질문하는 경우가 많습니다. 하지만 저는 초등학생에게 오답 노트가 반드시 필요하지는 않다고 생각합니다. 왜 그럴까요? 오답 노트를 사용하는 목적과 초등학생의 현재 학습 상황을 살펴보면 그 이유가 분명해집니다.

오답 노트의 목적

오답 노트를 사용하는 본래 목적은 크게 두 가지로 요약할 수 있습니다.

첫 번째, 오답을 줄이고, 반복 학습을 통한 약한 유형 보완
두 번째, 시험 준비를 효율적으로 하기 위해

중·고등학교에서는 오답 노트의 두 가지 목적이 매우 적절하게 적용됩니다. 학기말 시험, 모의고사, 수능 등 다양한 평가를 준비하기 위해 시험에서 틀린 문제를 정리하고 반복해서 풀며 약점을 보완해야 하기 때문입니다.

하지만 초등학생의 상황은 다릅니다. 초등학교 시험은 시험 준비가 필요할 만큼 난이도가 높지 않으며, 단원평가는 담임 선생님 재량이라 아예 평가하지 않는 학교도 많습니다. 시험 난이도가 낮으니 단원평가에서 틀린 문제를 오답 노트에 정리할 필요도 적습니다. 결국 초등학생의 오답 노트 만들기는 문제집 문제를 단순 정리하는 행위에 불과할 수 있습니다.

이렇게 부모가 주도해 만든 오답 노트는 오히려 역효과를 낳을 수 있습니다. 초등학생은 어떻게 오답 노트를 만들어야 할지, 어떤 문제를 정리해야 할지 스스로 결정하기 어렵기 때문입니다. 그리하여 부모가 대신 만들어 주는 경우가 많은데, 이 노트는 또 다른 문제집이 되어 아이에게 추가적인 스트레스를 줄 수 있습니다. 오답 노트 핵심은 '왜 틀렸는지'를 아이가 스스로 생각하고 되돌아보는 과정인데, 부모가 대신 만들어 주면 아이의 학습 주체성이 떨어집니다.

또한 요즘 아이들은 하루에 문제집 2~3권을 푸는 경우도 많아, 시간 관리가 빠듯한 상황에서 틀린 문제를 따로 정리하고 복습하는 데 시간을 더 쓰기가 현실적으로 어렵습니다. 이렇게 되면 중요한 새로운 학습을 놓칠 수도 있습니다.

재미있는 점은 수학 외에 다른 과목에서는 오답 노트에 대한 질문이 거의 없다는 것입니다. 왜일까요? 그만큼 수학은 틀리는 것이 자연스러운 과목이기 때문입니다. 수학은 학습 과정에서 틀림을 통해 사고력을 키우고 논리를 다듬어 가는 과목입니다. 초등 시절부터 틀린 문제에 지나치게 집착하는 태도는 오히려 수학을 어렵고 부담스러운 과목으로 느끼게 할 가능성이 높습니다.

초등 수학, 효율적 오답 관리법은?

그렇다면, 초등시기에는 어떻게 효율적으로 오답을 관리해야 할까요? 다음과 같은 방법을 추천합니다.

틀린 문제를 바로 고치기

오답 노트를 작성하는 것보다 틀린 문제를 발견했을 때 아이가 스스로 다시 풀어 보는 것이 훨씬 효과적입니다. 문제를 고쳐 주는 주체가 부모가 아니라 아이 자신이 되어, 무엇이 틀렸는지 직접 고민하고 해결책을 찾아가는 과정이야말로 수학 공부의 진정한 의미와 가치를 느낄 수 있는 시간입니다.

랜덤으로 복습하기

지난 수학 문제 중에서 아이가 어려워했거나 틀렸던 문제 1~2개를 랜덤으로 골라 다음 날 다시 풀게 하는 방법도 매우 효과적입니다. 이렇게 하면 학습 부담은 최소화하면서도 꾸준한 복습이 가능해져 학습 효과를 높일 수 있습니다.

문제 밑에 틀린 이유 적어 두기

오답 노트 대신, 아이가 문제를 틀렸을 때 틀린 이유를 스스로 생각하고 그 이유를 문제 밑에 적어 보는 방법이 있습니다. 이렇게 하면 문제집 한 권을 다 끝냈을 때 "나는 주로 이런 이유로 문제를 틀리는구나." 하고 스스로 인지할 수 있는 시간을 갖게 됩니다. 예를 들어 연산 실수가 잦은 아이는 연산에 더 신경 쓰게 되고, 문제를 제대로 읽지 않는 아이는 문제를 읽을 때 더욱 주의하게 되는 것이죠.

중고등학교에 진학하면 오답 노트를 필수적으로 쓰게 되지만, 초등학교 시기에는 오답 관리보다 더 중요한 것이 있습니다. 바로 수학을 꾸준히, 성실히, 긍정적으로 배우는 태도를 키우는 것입니다.

오답 노트는 단지 하나의 학습 도구일 뿐이며, 중요한 것은 도구에 의존하기보다는 아이가 학습의 주체가 되어 스스로 생각하고 문제를 해결하는 태도를 기르는 것입니다.

아이가 문제를
똑바로
읽지 않아요

"선생님, 아이가 문제를 똑바로 읽지 않습니다. 어떻게 하면 좋을까요?"

이 질문은 부모님들로부터 제가 가장 자주 받는 고민 중 하나입니다. 다만 한 가지 질문을 드리고 싶습니다.

"과연 글을 똑바로 읽지 않는 것이 아이들만의 문제일까요?"

현대사회는 영상 중심의 시대입니다. 아이들뿐 아니라 어른들도 긴 글을 차분히 읽는 데 어려움을 겪는 경우가 많습니다. 영상 콘텐츠의 짧고 즉각적인 자극에 익숙해지면서 텍스트를 읽고 해석하는 능력이 점점 약해지고 있기 때문입니다.

이런 환경에서 자란 아이들에게 "수학 문제를 똑바로 읽어라!"

는 말은 쉬운 요구가 아닐 수 있습니다. 특히 수학 문제는 숫자와 글자가 혼재되어 있고, 조건과 질문이 명확하지 않은 경우가 많아 아이들이 문제를 대충 읽거나 중요한 조건을 놓치는 일이 생깁니다.

하지만 몇 가지 방법으로 아이들이 문제를 더 차분하고 정확하게 읽을 수 있도록 도울 수 있습니다.

소리 내어 읽기 : 시각, 청각, 발화를 동시에 활용

문제를 소리 내어 읽는 것은 가장 간단하면서도 효과적인 방법 중 하나입니다. 눈으로 문제를 읽고, 입으로 말하며, 귀로 자신의 목소리를 듣는 과정을 통해 여러 감각이 동시에 작용하여 문제가 머릿속에 더 명확히 들어오고 이해 과정이 자연스럽게 강화됩니다.

이를 실천하려면, 아이가 문제를 소리 내어 읽게 한 뒤 부모님이 문제의 핵심 부분에 대해 다시 질문하는 것이 좋습니다. 예를 들어, "문제에서 구하라고 한 게 뭐였지?", "무엇을 구해야 하지?"와 같은 질문을 통해 아이가 문제의 핵심을 제대로 인지했는지 확인할 수 있습니다.

쉼표와 마침표를 활용하기

읽는 방식에도 기술이 필요합니다. 특히 수학 문제에서는 쉼표와 마침표가 중요한 단서가 됩니다. 쉼표와 마침표는 문장의 끝을 알리는 것뿐만 아니라, 문제에서 조건을 구분하는 역할을 합니다. 다음과 같은 문제가 있다고 생각해봅시다.

한 상자에 사과가 8개씩 들어 있습니다. 상자가 5개 있고, 2개의 사과를 더했습니다. 총 사과는 몇 개인가요?

쉼표와 마침표를 기준으로 끊어 읽으면 각 조건을 명확히 이해할 수 있습니다. 이를 실천하려면, 아이가 문제를 읽을 때 쉼표에서 잠시 멈추고 마침표에서 한 번 더 내용을 확인하도록 지도해 주시면 됩니다. 처음에는 부모님이 아이와 함께 문제를 읽으며 끊어 읽는 연습을 도와주는 것도 좋은 방법입니다.

한 상자에 사과가 8개씩 들어 있습니다. (잠시 멈춤) 상자가 5개 있고, (잠시 멈춤) 2개의 사과를 더했습니다. (잠시 멈춤) 총 사과는 몇 개 인가요?

이렇게 읽으면 조건과 질문을 분리해 이해하기가 쉽습니다.

숫자 동그라미, 구해야 할 것에 밑줄 긋기

문제를 정확히 읽고 이해하려면, 시작 단계에서 문제를 정리하는 것도 매우 효과적입니다. 숫자에 동그라미를 치고, 질문에서 구해야 할 것에 밑줄을 긋는 단순한 행동만으로도 문제의 구조가 훨씬 명확해집니다. 처음에는 아이들이 모든 숫자에 동그라미를 치거나 중요하지 않은 부분에도 밑줄을 긋는 실수를 할 수 있습니다. 이때 중요한 것은 유의미한 정보만 강조하도록 훈련하는 것입니다.

자, 다음과 같은 문제가 있습니다.

> 2024년에 태어난 한 마리의 토끼는 하루에 당근을 3개 먹습니다.
> 5마리의 토끼가 7일 동안 먹는 당근은 모두 몇 개인가요?

이 문제에서 동그라미를 쳐야 할 숫자는 3, 5, 7입니다. 2024는 문제에 나오는 숫자이나 계산에 필요한 핵심 숫자가 아니므로 동그라미를 치지 않습니다. 밑줄은 질문 부분인 '모두 몇 개'에 그어야 합니다.

> 2024년에 태어난 한 마리의 토끼는 하루에 당근을 ③개 먹습니다.
> ⑤마리의 토끼가 ⑦일 동안 먹는 당근은 <u>모두 몇 개</u>인가요?

처음부터 잘하는 아이는 없습니다. 부모님이 중요한 숫자와 조건을 표시하며 도와주시면 아이 스스로 충분히 해낼 수 있습니다.

문제를 읽는 연습은 꼭 수학 문제에서만 할 필요는 없습니다. 짧은 문장이나 이야기 속 조건을 파악하는 연습도 효과적입니다. 예를 들어, 간단한 동화나 짧은 지문에서 "이 이야기에서 주인공이 해야 하는 일이 무엇일까?"와 같은 질문을 던지며 조건을 찾아보는 연습을 할 수 있습니다.

또한 일상 대화 속에서도 조건 파악 능력을 키울 수 있습니다. 아이와 마트에 가실 때도 "우리가 오늘 마트에 가는데, 무엇을 사야 할까?", "우리가 오늘 마트에서 사온 것이 사과 5개 맞지?" 등의 질문을 통해 조건을 정리하고 확인하는 과정을 경험하면서 아이는 자연스럽게 문제 읽기의 중요성을 배우게 됩니다.

문제를 정확히 읽는 것은 수학 실력을 키우는 데 가장 중요한 첫걸음입니다. 아이들이 문제를 제대로 읽지 못하는 것은 자연스러운 현상이며, 이를 개선하려면 차분히 읽는 습관을 기르는 과정이 필요합니다. 부모님이 아이가 잘 이해하지 못해 계속 읽어 주시면 그 순간은 넘길 수 있지만, 아이들에게 수학이 계속 어렵게 느껴질 수 있습니다.

처음에는 이런 연습이 힘들겠지만, 문제를 제대로 읽는 법을 배우는 것만으로도 수학이 훨씬 쉬워지고 재미있어질 것입니다.

아이가
잘 이해하고 있는지
모르겠어요

　아이와 함께 공부하다 보면 부모로서 여러 고민이 생깁니다. "아이가 정말 완벽히 이해하고 있는 걸까?"라는 의문부터, "힌트를 어디까지 줘야 할까?" 같은 작은 디테일까지 신경이 쓰이기 마련입니다.

　때로는 아이가 문제를 이해하지 못하는 것 같아 막막함을 느끼고, "우리 아이는 혹시 수학 머리가 없는 건 아닐까?" 하는 불안감까지 들 때가 있습니다. 특히 조금 어려운 문제만 나오면 눈물을 흘리는 아이를 보면, 부모는 어떻게 도와줘야 할지 고민이 더 깊어집니다.

　이런 상황은 많은 가정에서 공통적으로 겪는 현실일 수 있습니다. 이번에는 아이와 공부하며 마주하는 이런 고민들을 하나씩 살펴보려고 합니다.

완벽한 이해란 무엇일까요? 부모가 되면 수많은 불안감에 휩싸이기 쉽습니다. 주변에서 쏟아지는 정보와 조언은 끝이 없고, 그 가운데 내가 제대로 하고 있는지 확신하기 어렵습니다. 아이가 조금만 실수하거나 문제를 틀리면 불안감이 화로 번지기도 합니다. "왜 이렇게 간단한 문제조차 못 풀까?", "아이에게 이 정도도 어렵다면 나중에 더 어려운 개념은 어떻게 하지?" 하는 걱정 속에서 완벽한 이해를 요구하게 됩니다.

하지만 이 순간, 우리 스스로에게 물어야 합니다. 완벽한 공부란 과연 무엇일까요? 모든 문제를 다 맞히는 것이 완벽한 것일까요? 아이가 문제를 한 번에 틀림없이 풀어야만 그 개념을 완벽히 이해했다고 할 수 있을까요? 아니면 시중의 어떤 문제를 내어줘도 다 풀면 완벽하다 말할 수 있을까요?

사실 완벽한 공부란 존재하지 않습니다. 아이뿐 아니라 어른에게도 불가능한 일입니다. 학습은 본질적으로 완벽을 추구하기보다 부족한 부분을 채우며 성장하는 과정입니다. 아이들은 배우는 중이고, 학습에는 항상 구멍이 생기기 마련입니다. 하지만 중요한 것은 우리에겐 그 구멍을 메울 충분한 기회가 있다는 사실입니다. 지금 배우고 있는 내용을 소화하고 응용할 수 있다면 그 아이는 이미 잘하고 있는 것입니다.

부모들은 종종 '완벽하게 이해했다.'는 판단 기준을 모든 문제를 틀림없이 맞히는 것이라고 여기지만, 이는 현실적이지 않습니다. 모든 문제를 다 맞히는 사람은 없으며, AI도 틀릴 때가 있습니다. 그렇다면 사람에게 완벽을 기대하는 것은 무리입니다.

아이들에게 완벽함을 기대하기보다, 몇몇 문제를 틀리더라도 문제의 원리를 이해하고 스스로 해결하려는 태도를 보인다면 충분하다고 말해줄 줄 알아야 합니다. 완벽한 이해는 아이가 배경 개념을 알고 이를 다른 문제에 적용할 수 있음을 뜻합니다. 또한 배운 개념을 다양한 문제 상황에 적용할 수 있는지가 더 중요합니다.

문제 풀이 과정에서 자신의 생각을 정리하고 결과를 도출하는 능력은 쉽게 얻어지지 않습니다. 마지막으로, 틀린 문제를 마주했을 때 포기하지 않고 다시 도전하는 태도가 가장 중요합니다. 어쩌면 완벽한 공부란 완벽한 이해를 꿈꾸고, 그 완벽한 이해는 태도에서 시작하는 것일 수 있습니다.

아이들이 이런 태도를 가지도록 부모님께서 마음에 새기면 좋은 태도 세 가지가 있습니다.

틀린 문제도 배움의 일부이다.

틀리는 것은 학습 과정에서 자연스러운 일이며, 아이는 이를 통해 자신의 약점을 발견하고 보완하며 성장합니다.

과정이 결과보다 중요하다.

아이가 문제를 푸는 동안 얼마나 고민하고 생각했는지를 주목해야 하며, 그 과정이 있었다면 결과가 틀렸더라도 칭찬하고 인정해 주어야 합니다.

학습은 반복과 연결의 과정이다.

모든 개념을 한 번에 완벽히 이해하는 것은 불가능합니다. 학습은 반복을 통해 점점 깊이 이해하고, 개념들이 서로 연결되며 확장되는 과정입니다. 지금은 허술해 보여도 아이는 여러 겹으로 지식을 쌓아가고 있으니 꾸준히 반복하는 것이 필요합니다.

아이가 문제를 틀렸을 때 흔히 "왜 틀렸어?"라고 묻지만, 더 중요한 것은 "어떻게 하면 이 부분을 다시 생각해 볼 수 있을까?"라고 질문하는 것입니다. 아이는 완벽한 학습자가 아니어도 되고, 그럴 필요도 없습니다. 부모의 역할은 완벽을 요구하는 것이 아니라, 아이가 스스로 배우고 성장할 수 있도록 응원하는 것입니다. 결국 완벽한 이해란 부모의 지지에서 시작됩니다.

힌트는
어디까지
줘야 될까요?

    아이와 함께 수학 문제를 풀다 보면 "도대체 어디까지 힌트를 줘야 할까?" 하는 고민이 생길 때가 있습니다. 저 역시 이 질문을 오랫동안 받아왔고, 깊이 생각해 보았습니다. 그리고 깨달은 점은 우리가 아이에게 주는 힌트의 기준이 생각보다 명확하지 않다는 것입니다.

    어떤 분들은 거의 다 풀어 주셨지만 그것을 힌트라고 여기기도 하고, 어떤 분들은 문제를 읽어 주는 것만으로도 힌트라고 생각하시기도 했습니다. 이 책을 기준으로 부모님이 자녀에게 주는 수학 힌트는 이렇게 정의하면 좋겠습니다. 아주 쉽게 기준을 제시하자면, '팔짱을 끼고 입으로만 설명 가능한 정도가 힌트'라고 보시면 됩니다.

　사실 연필을 들게 되면 식도 우리가 쓰고 풀이도 우리가 하게 됩니다. 하지만 팔짱을 끼고 아이에게 설명한다고 가정하면, 문제를 풀어 주지도 못하고 수식 하나하나를 설명하다 지쳐 더 말하지 못할 것입니다. 결국 마지막 완성은 아이가 스스로 하게 됩니다. 이 기준을 정하면 내가 주는 것이 힌트임을 인정하고 마음의 위로가 될 수 있습니다.

　대부분의 아이들은 이런 힌트를 전혀 받지 않고, 엄마가 문제만 읽어줘도 문제를 해결합니다. 제가 아이들을 가르칠 때도 마찬가지였는데, 아이가 "선생님, 모르겠어요!"라고 하면 문제를 함께 읽어주기만 해도 "잠깐만요, 제가 해 볼게요!"라며 답을 찾곤 했습니다. 문제를 읽어 주고 "이 문제에서 구해야 하는 게 뭘까?"라고 한 번만 짚어 주는 것만으로도 충분합니다.

　이 단계를 넘어가야 하는 경우가 생기면, 힌트를 더 주기보다는 문제 자체를 다시 이해시키는 것이 필요합니다. 이런 경우는 아이가 문제를 잘 몰라서 그렇습니다. 이럴 때는 부모님이 문제를 풀어 주는 것이 필요하지만, 여기서 끝내지 말고 다음과 같은 과정을 추가해 보시길 권합니다.

문제 다시 풀어 보게 하기

　부모님이 문제를 풀어 준 후에는 아이가 직접 다시 설명하거나 문제를 풀도록 유도하는 것이 중요합니다. 예를 들어, "이건 어떻게 풀었지? 다시 한번 설명해 볼래?"라는 질문을 덧붙이면 아이가 스스로 생각하고 학습 내용을 정리하는 데 도움이 됩니다.

다음 날 복습하기

아이가 어려워했던 문제를 다음 날 학습 시작 시점에 다시 한 번 풀어보게 하는 것은 매우 효과적입니다. 이렇게 하면 이해도를 확인하고 문제 해결 과정을 더욱 강화할 수 있습니다.

수학 문제에 대한 힌트를 어디까지 줄지는 부모와 아이 사이의 학습 관계에서 중요한 기준이 됩니다. 하지만 이 기준을 지나치게 엄격하게 적용하기보다는, 아이의 학습 상황에 맞추어 유연하게 대처하는 것이 좋습니다.

문제 이해력이 부족할 때 필요한 문제집 큐레이션

아이를 공부시키다 보면, 설명하는 엄마조차 절망스러울 만큼 아이가 문제를 이해하지 못하는 경우가 있습니다. "도대체 문제가 원하는 지령을 왜 이해하지 못할까?", "어디가 문제일까?", "처음부터 다시 가르쳐야 하나?" 하는 여러 생각이 들기도 합니다.

하지만 수학 문제는 일반적인 글과는 조금 다릅니다. 일반 글에는 이해를 돕기 위한 숫자가 등장하지만, 수학 문제에서는 숫자를 이해하기 위한 글자가 등장합니다. 즉, 수학에 쓰인 글들은 숫자를 위한 것이며, 숫자를 중심으로 해석해야 합니다. 그래서 우리가 익숙하게 알고 있는 단어들도 수학 문제 속에서는 다르게 느껴질 수 있습니다.

과연 독서를 많이 하면 문제 이해에 도움이 될까요? 물론 독서는 전반적으로 이해력 향상에 도움이 됩니다. 하지만 현실은 아이들에게 책 한 권을 온전히 읽을 시간을 충분히 주기 어려운 상황입니다. 그래서 '독서를 많이 하라'는 조언보다 조금 더 현실적인 접근이 필요합니다.

저는 여행하는 걸 좋아하는데, 여행 중 그 나라 서점을 들러볼 때마다 놀라는 점이 하나 있습니다. 바로, 우리나라에서는 흔히 볼 수 있는 문제집이 다른 나라에서는 찾기 힘들다는 것입니다(아시아권 국가들에서는 대부분 있긴 합니다). 그러나 대한민국처럼 방대한 양을 구비한 나라는 드뭅니다. 이 점이 슬프게 느껴질 수도 있겠지만, 저는 좀 더 긍정적인 시각으로 보고 싶습니다.

문제 풀이 위주의 공부가 별거 아니라고 생각할 수 있지만, 문제 자체를 이해하지 못하는 아이들에게 이 다양한 문제집들은 큰 도움이 됩니다. 우리나라의 문제집들은 난이도가 다양하고, 부족한 영역을 보완하는 책들도 많습니다. 문제를 이해하기 어려워하는 아이를 위한 문제집도 존재한다는 뜻입니다.

저는 저학년과 고학년을 나누어 그런 문제집의 도움을 받는 것이 좋다고 생각합니다. 흔히 '서술형 문제집'이라고 부르며, 모두가 풀 필요는 없지만 문제 이해가 어려운 아이들을 위해 만들어진 책들이니 한번 살펴보시길 추천드립니다.

1,2 저학년 대상 : 문제 해석 자체가 힘든 경우

《술술 풀리는 기적특강 맨처음 수학문장제》 1~2학년 (길벗스쿨)	《씨투엠 수학독해 A 세트》 (씨투엠에듀)

용어가 많이 나오는 3학년 이후 : 문제 해석이 어려운 경우

《1일 10분 초등 메가 어휘력》 시리즈 (메가스터디북스)	《EBS 어휘가 독해다! 초등 국어 어휘》 시리즈 (한국방송공사)
	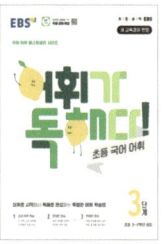

중·고학년 서술형 문제 자체가 풀기 어려운 경우

《초등 문해력 독해가 힘이다 문장제 수학편》 시리즈(천재교육)	《기적의 수학 문장제》 시리즈 (길벗스쿨)

기본 서술형은 되는데 심화 서술형 이해가 어려운 경우

《꼭 알아야할 수학 문장제》 시리즈
(에듀왕)

조금만 어려우면 울어요!

아이들은 감정 표현이 풍부해 조금만 어려워도 울고, 몰라서 울고, 틀려서도 울곤 합니다. 이런 모습을 보면 부모의 마음은 무거워지기 쉽고, 때로는 '내가 너무 무리하게 공부를 시키고 있는 건 아닐까?', '이렇게 공부를 시키는 게 맞는 걸까?'라는 자책으로 이어지기도 합니다.

하지만 여기서 한 가지 질문을 던져보고자 합니다.

"공부를 시키는 일이 그렇게 잘못된 일인가요?"

물론 어떤 사람들은 "하기 싫은 공부를 시키는 것은 잘못된 일이다."라고 말합니다. 그런데 한번 생각해 보면, 공부를 과연 누가 하고 싶어 할까요? 적어도 초등학생 중에서 스스로 공부를 하고 싶어 하는 아이가 얼마나 있을까요? 공부가 정말 재미있는 일일까요?

만약 공부가 재미있는 일이라면, 왜 세상에는 공부를 잘하기 위한 방법이나 동기부여를 돕는 수많은 자료들이 넘쳐날까요? 우리가 즐거운 일을 할 때는 동기부여라는 개념 자체가 필요 없습니다(게임 하는 것을 동기부여해 주는 책은 없으니까요). 그러나 공부는 다릅니다. 공부는 재미없을 수 있습니다. 그럼에도 불구하고 '공부는 해야 하는 일'입니다.

우리는 모두 사회가 정해 놓은 규범 속에서 살아갑니다. 그리고 아이들이 초등학교에서 하는 공부는 1등을 하기 위한 공부가 아닙니다. 경주마처럼 치열하게 달리라는 것도 아닙니다. 이 시기의 공부는 '공부 습관'을 들이는 시간입니다. 그 과정이 항상 행복할 수는 없습니다. 하지만 부모가 아이에게 오직 행복한 공부만 허용하려는 강박을 가지면 오히려 아이의 눈물을 이해하지 못하게 되는 것은 아닐까요?

아이는 울 수 있습니다. 어렵다고 울고, 모르겠다고 울며, 틀려서도 울 수 있습니다. 우리는 부모로서 아이의 눈물을 닦아 주고 다독이는 것이 역할이지, 그 눈물에 지나친 의미를 부여할 필요는 없습니다.

"그럴 수 있지. 어려운 것을 해내다 보면 힘들 수도 있어! 그래도 너니까 할 수 있는 거야! 엄마(아빠)가 옆에서 응원하고 도와줄 테니까 포기하지 말고 함께 해 보자."

이런 마음으로 아이를 바라본다면, 어려움 속에서도 함께 걸어가는 부모가 있다는 것을 느낀 아이는 울음을 멈추고 다시 한 걸음을 내디딜 힘을 얻게 될 것입니다.

어려운 문제는 맞히는데 쉬운 문제만 틀려요

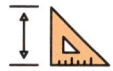

왜 쉬운 문제만 틀릴까?

많은 분들이 "아이가 어려운 문제는 맞히는데, 쉬운 문제만 틀려요."라고 말씀하십니다. 쉬운 문제만 틀리는 경우는 보통 앞부분의 기초 개념만 제대로 이해하고 있으면 풀 수 있는 문제인 경우가 많습니다.

이럴 때 아이는 두 가지 문제를 겪고 있을 가능성이 있습니다

첫째, 습관적인 실수입니다.

문제를 풀 때 '안', '못' 같은 중요한 글자들을 빠뜨리고 읽는다거

나, 숫자를 건너뛰고 읽어 실수를 발생시키기도 합니다. 특히 쉬운 문제는 아이가 "이건 내가 당연히 풀지~" 하는 겸손하지 못한 마음으로 문제를 제대로 읽지 않는 경향이 있는 것입니다.

둘째, 기본 개념을 헷갈렸기 때문입니다.

겉보기에는 아이가 어려운 문제를 패턴을 파악하거나 유추하여 잘 푸는 것처럼 보여도, 기본 개념을 확실히 숙지하지 않으면 쉬운 문제에서 실수가 잦아질 수 있습니다. 따라서 학습에서는 어려운 문제 해결뿐 아니라 기본 개념의 탄탄한 이해가 매우 중요합니다. 이렇게 해야만 모든 난이도의 문제에 일관되고 정확하게 대처할 수 있습니다.

쉬운 문제만 틀릴 때 해결책

기본 개념이 헷갈리는 상태에서는 항상 책에 나와 있는 기본 개념을 꼭 읽고 문제를 푸는 것이 중요합니다. 아이가 혼자 읽기 어려울 때는 엄마가 옆에서 함께 읽고 개념을 확인해 주는 것도 큰 도움이 됩니다. 초등학교 수준에서는 개념이 크게 어렵지 않으므로 반복적으로 두세 번 읽기만 해도 충분히 기억할 수 있습니다.

그럼 습관적인 실수는 어떻게 해결해야 할까요? 몇 가지 방법을 제시하겠습니다.

첫째, 검산 시간 주기

문제를 푼 뒤 즉시 채점하기보다는, 특히 쉬운 문제나 한눈에 답이 보이는 문제일수록 답이 확실한지 스스로 다시 한번 점검하는 시간을 가지는 것이 좋습니다. 한 번 더 눈으로 문제와 답을 꼼꼼히 읽고 확인하는 과정만으로도 실수를 크게 줄일 수 있습니다. 이렇게 하면 아이가 쉬운 문제도 소홀히 여기지 말아야 한다는 경험을 쌓게 되어 스스로 허점을 발견하고 보완하는 습관을 기를 수 있습니다.

둘째, 쉬운 문제 챌린지하기

어려운 문제는 아이도 엄마도 집중해서 풀고, 오히려 오답도 서로가 집중해서 공부합니다. 하지만 쉬운 문제는 오답 자체도 굉장히 가볍게 생각하며 쉽게 넘어갑니다. 그렇기에 더 쉬운 문제에 대한 태도가 소홀한 경우가 많습니다. 그렇기 때문에 아이가 쉬운 문제에 대한 태도를 바꿀 수 있도록 쉬운 문제에 대한 가치를 느끼게 해야 합니다. 그 방법으로 하루에 10문제, 혹은 문제의 개수를 제한한 뒤에 단 한 문제라도 틀리지 않고 완벽하게 풀면 그에 따른 '보상'을 제공하는 것입니다.

꼭 물질적인 보상이 아니어도 된다고 생각합니다. 아이가 처음부터 꼼꼼해지기는 어렵기 때문에 게임처럼 느낄 수 있도록 해 주면 됩니다. 이 상황들이 차츰 반복되다 보면 쉬운 문제에 대한 집중도도 올라가고 문제를 대하는 태도도 바뀔 수 있을 것입니다.

열심히 공부하는데 시험에는 약한 아이

많은 부모님들이 이런 고민을 합니다.

"우리 아이는 정말 열심히 공부했는데, 시험만 보면 성적이 안 나와요. 도대체 왜 그런 걸까요?"

시험에서 원하는 성적이 나오지 않는 이유는 여러 가지가 있지만, 크게 두 가지를 꼽을 수 있습니다. 첫째는 아이가 시험 때문에 느끼는 긴장도 문제이고, 둘째는 아이가 생각하는 '열심히'의 기준이 세상의 기대나 시험 기준과 다를 때입니다.

긴장도가 높은 아이

긴장도는 아이가 시험이라는 환경에서 지나치게 긴장하거나, 반대로 전혀 긴장감이 없는 두 가지 상태로 나눌 수 있습니다. 긴장도가 높은 아이는 시험을 너무 큰 일로 느껴 스트레스를 많이 받으며, 이로 인해 실수를 하거나 과잉 사고로 자신의 실력을 제대로 발휘하지 못하는 경우가 발생합니다. 이런 상황에서는 부모님이 아이의 긴장을 풀어 주고 안정감을 줄 수 있도록 도와주는 역할이 매우 중요합니다.

"괜찮아, 시험 점수 별거 아니야!"
"다음에 잘 보면 되니까 너무 신경 쓰지 마!"

이렇게 부모가 대수롭지 않게 말해 주는 것이 필요합니다. 아이가 시험을 망쳐도 괜찮다고 느낄만큼 말해 주고 안정될 수 있게 해줘야 합니다. 다음 시험에는 제실력을 발휘할 수 있도록 말입니다.

긴장도가 낮은 아이

반대로 긴장감이 전혀 없는 아이도 있습니다. 이런 아이들은 시험을 너무 가볍게 여기고 대충 보며 실수하는 경우가 많습니다. 이들에게는 시험이 어떤 의미를 갖는지 깨닫게 해 줄 필요가 있습니다. 예를 들어 "시험은 지금까지 네가 얼마나 열심히 했는지를 보여주는 자리야!", "최선을 다해야 해. 실수도 실력이 될 수 있어!", "네 노력을 다른 사람들에게 증명하는 시간이야. 네가 얼마나 잘 해내는지 보여주자!" 같은 말로 시험의 중요성과 가치를 알리는 것이 도움이 됩니다.

시험의 의미와 중요성을 알려주는 목적은 단순히 점수를 잘 받기 위해서가 아니라, 아이가 자신의 노력을 존중하고 최선을 다하는 태도를 배우도록 돕기 위함입니다. 긴장감이 없는 아이는 시험의 중요성을 이해하면서 적절한 긴장을 통해 시험에 임할 필요가 있습니다. 시험은 단순한 점수 산출이 아닌 자신의 노력을 '증명'하는 시간으로, 열심히 공부한 아이들에게는 설레고 값진 경험이 될 수 있습니다.

공부 방향이 잘못된 아이

시험을 못 보는 아이들 중에는 공부량은 충분하지만 공부 방향이 잘못된 경우가 있습니다. 이는 아이가 시험에서 요구하는 내용과 다른 공부를 해 왔기 때문입니다. 시험마다 요구하는 방향과 성격이 다르기 때문에, 단원평가는 교과서 내용을 숙지하는지, 경시대회는 수학 실력을 겨루는지, 영재원이나 올림피아드 시험은 깊이 있는 수학 실력을 보여주는지 각각 다릅니다. 따라서 해당 시험이 요구하는 수준의 공부를 했는지를 먼저 점검하는 것이 중요합니다.

만약 공부 방향이 맞다면, 기초 개념이 잘 잡혀 있는지, 아니면 응용 문제만 풀다가 쉬운 문제에서 실수하는 것은 아닌지 확인해야 합니다. 또한, 부모님이 아이의 공부량을 충분하다고 생각해도 실제로는 시험 기준에 미치지 못할 수도 있는데, 이는 부모님의 기준과 시험 또는 사회의 기준이 다를 때 발생하는 문제입니다.

아이와 부모 모두 아이가 공부한 만큼 좋은 성적을 내기를 바라므로, 아이가 시험이라는 장벽을 넘어 더 큰 성장을 이룰 수 있도록 적절한 도움과 지도가 필요합니다.

긴장도가 높은 아이	결과보다는 과정에 집중하고, 시험에 대한 부담 줄여 주기
긴장도가 낮은 아이	시험의 중요성을 알려 주고, 집중력을 높이는 훈련을 해 보기
공부 방향이 잘못된 아이	기초 개념부터 철저히 점검하고, 시험 유형에 맞는 공부법 적용하기
공부량이 부족한 아이	현실적인 공부 목표를 세우고, 이를 꾸준히 실천할 수 있도록 도와주기

시험만 보면 스트레스라는데 꼭 봐야 해요?

시험은 아이들에게 부담이 될 때가 많지만, 모든 시험이 같은 성격을 가진 것은 아닙니다. 어떤 시험은 반드시 치러야 하는 중요한 시험인 반면, 굳이 보지 않아도 되는 시험도 존재합니다. 아이가 시험의 목적과 성격을 이해하도록 도와주면 부담을 줄이고 올바른 마음가짐으로 시험에 임할 수 있습니다.

아이가 반드시 봐야 하는 시험

학교에서 보는 단원평가나 생활기록부에 기록되는 시험은 아이의 학업 과정을 평가하는 중요한 시험입니다. 이런 시험은 공식적인 기록으로 남기 때문에, 아이는 스트레스를 받더라도 최선을 다해 준비하는 것이 필요합니다. 이 시험들은 단순히 점수만 평가하는 것이 아니라, 아이가 개념을 얼마나 잘 이해하고 있는지, 그리고 어떤 부분에서 더 성장해야 하는지를 확인하는 중요한 기회가 되기 때문입니다.

굳이 보지 않아도 되는 시험

반면, 아이의 수준을 훨씬 뛰어넘는 시험은 아이에게 스트레스를 제공할 수 있습니다. 예를 들어, 심화서를 한 번도 공부해 보지 않는 아이가 전국영어수학 학력경시대회 같은 고난도 시험에 응시한다면, 시험을 보고 온다고 해도 역으로 아이의 자존감을 크게 떨어뜨릴 가능성이 높습니다. 시험이 아이에게 학습 동기보다는 좌절감을 심어 주는 결과를 가져올 것 같다면, 이런 시험은 굳이 볼 필요가 없습니다.

아이에게 성취감을 줄 수 있는 시험

반대로 아이의 수준에 맞고 성취감을 줄 수 있는 학력 평가는 아이의 자신감을 키우는 데 큰 도움이 될 수 있습니다. 일부 시험은 응시만 해도 전원에게 상장을 주는 경우가 있는데, 이는 저학년 아이들에게 "나는 수학을 잘하는 아이야."라는 긍정적인 인식을 심어 줄 수 있습니다. 다만, 아이가 어느 정도 풀 수 있는 수준의 시험을 선택하여 적절한 경험을 제공하는 것이 매우 중요합니다.

시험 자체에 스트레스를 느끼는 아이들

이렇게 시험의 종류를 나눈 것과 무관하게 시험에 스트레스를 느끼는 아이들이 있습니다. 보통 크게 두 가지 이유가 있는데, 하나는 완벽주의적 성향이며, 다른 하나는 부모에 대한 두려움입니다. 100점을 맞아야 한다는 압박감이 큰 아이들은 시험 자체를 매우 부담스럽게 여기고, 이런 아이들에게는 시험 점수가 완벽하지 않아도 괜찮다는 메시지를 전달하는 것이 중요합니다. 본인 스스로가 100점이 아니어도 용납 가능한 포용력이 생길 수 있도록 부모가 도와야 하는 것입니다.

하지만 대부분의 경우 완벽주의보다 더 큰 문제는 '부모님께 혼날까 봐.' 하는 두려움입니다. 아이는 100점 맞는 기계가 아니지만, 부모의 기대와 실망이 아이에게 강한 부담으로 작용하고, 이 때문에 시험 자체를 두려워하게 됩니다. 시험 결과는 그날의 컨디션, 시험 환경 등 여러 외부 요인에 크게 좌우되므로, 부모가 지나치게 민감하게 반응하지 않는 태도가 필요합니다.

시험은 아이가 얼마나 잘했는지, 얼마나 열심히 준비했는지를 확인하는 자리일 뿐, 점수가 아이의 모든 것을 대변하지 않습니다. 올림픽 선수들도 컨디션과 환경에 따라 실력을 발휘하지 못하는 경우가 있듯, 우리 아이들도 시험을 위해 선수들만큼 긴 준비 기간을 갖지 못했을 수 있습니다. 실수와 미흡함은 당연히 있을 수 있고, 시험은 그런 시행착오를 통해 스스로를 보완해 가는 과정입니다. 부모가 좀 더 넓은 시각으로 시험을 대한다면 아이들도 스트레스가 줄어들 것입니다.

교구를 꼭 사야 할까요?

　엄마표 수학을 시작하면 이상하게도 사야 할 것이 너무 많아지는 경향이 있습니다. 인터넷 검색만 조금 해봐도 화려하고 비싼 수학 교구들이 눈에 띕니다. 정말 돈만 많았다면 겁 없이 다 사버렸을 것 같은 것들이죠. 저도 수학을 가르치면서 사두고 먼지만 쌓인 교구들이 트럭 한 대 분량은 될 정도입니다. 예쁘고 반짝이는 교구들이 공부에도 도움이 될 것 같지만, 결국 그 교구를 꺼내고 닦고 구성하고 함께 사용하는 '과정'이 엄마에게는 쉬운 일이 아니었습니다.

　물론 교구의 장점은 분명합니다. 직접 보고 만지고 조작하면서 개념을 익히는 데 효과적이기 때문입니다. 하지만 이 모든 것은 부지런함과 시간, 에너지, 그리고 마음의 여유가 있을 때 가능한 일입니다.

그래서 저는 이렇게 말하고 싶습니다. 교구, 꼭 사지 않으셔도 됩니다. 색종이 한 장이면 충분합니다.

프린터기 한 대만 있어도 웬만한 수학 교구는 모두 만들어볼 수 있는 세상이 되었습니다. 3D로 보여주는 온라인 시뮬레이션도 있고, 유튜브에서 검색만 해도 아이와 함께할 수 있는 간단한 활동들이 무궁무진합니다. 가장 중요한 것은 '지금 당장 공부에 필요한 것' 만 꺼내 쓰는 것입니다. 준비와 사용에 너무 많은 시간과 노력을 요구하는 교구는 결국 책장 구석에만 쌓이게 됩니다.

수학은 아이마다 발달 시기가 다르기 때문에 세트로 구성된 고가의 교구를 샀다고 해서 모든 아이에게 잘 맞는 것도 아닙니다. '샀으니까 다 해야 한다.'는 강박 때문에 적절한 시기를 놓치는 경우도 많습니다. 그런 경우 차라리 교구 전문 학원에 맡기는 편이 오히려 더 효과적일 수 있습니다. 전문가 선생님이 적합한 설명과 활동으로 아이를 도와줄 수 있기 때문입니다.

문제집만으로는 부족하다는 얘기를 많이 듣지만, 요즘 문제집 역시 점점 교구화되어 가는 추세입니다. 오리기, 붙이기, 접기 등 조작 활동이 포함된 문제집도 많고, 단원마다 조작 개념을 유도하는 유형도 많아졌습니다. 그래서 비싼 교구를 무리하게 사지 않아도 괜찮습니다. 색종이 하나로도 충분히 훌륭한 수학 교구가 될 수 있습니다. 색종이로 칠교를 만들고, 분수를 배우고, 입체 도형을 접어보세요. 아이와 마주 앉아 함께 접고, 오리고, 웃고, 이해하는 그 시간이 교구의 진짜 목적을 가장 잘 실현하는 순간입니다.

교구가 없어서 못 하는 경우보다는 마음이 지쳐서 멈추는 경우가 더 많으니 부담을 느끼지 않아도 됩니다. 색종이 한 장, 종이 한 장, 프린트 한 장이면 충분히 훌륭한 수학 교구가 됩니다. 우리는 그것만으로도 충분히 잘할 수 있습니다.

색종이로 할 수 있는 칠교 도형 활동

목표	도형 감각과 공간 지각력 키우기
준비물	정사각형 색종이 1장, 가위, 간단한 칠교 도형 도안(프린트 또는 손그림)
활동 방법	1. 색종이 1장을 사용해 전통 칠교 도형 7조각을 자릅니다. 2. 자른 조각들을 이용해 도안에 나와 있는 모양을 그대로 만들어 봅니다. 3. 정해진 도안 외에도 아이가 스스로 창작해 보는 활동도 진행합니다.
배울 수 있는 수학 개념	도형 분해와 합성, 회전·대칭 개념, 도형의 변환 감각
활용 팁	"이 모양을 만들려면 어떤 도형이 필요할까?" "이 도형은 돌리면 똑같이 보일까?" 활동 중에 이와 같은 질문을 함께 던져 주세요.

색종이로 할 수 있는 분수 접기 활동

목표	분수 개념을 감각적으로 익히기
준비물	색종이 여러 장, 가위(선택), 펜
활동 방법	1. 색종이를 반으로 접으며 1/2, 세 번 접어 1/3, 네 번 접어 1/4 등을 만들어 봅니다. 2. 접은 후 각 부분에 분수 값을 직접 써보고, 같은 크기의 색종이 여러 장을 비교하며 '어떤 조각이 더 크고 작을까?'를 탐색합니다. 3. "1/2 두 개는 1이 될까?", "1/3 세 개는 몇 개로 가득 찰까?" 등의 질문을 통해 전체와 부분 개념을 연결시킵니다.
배울 수 있는 수학 개념	단위분수, 분수의 합과 비교, 전체의 개념
활용 팁	색종이를 겹쳐 놓고 직접 비교해 보면 숫자보다 '눈'으로 더 잘 이해합니다.

색종이로 할 수 있는 입체 도형 활동

목표	전개도에서 도형 만들기
준비물	색종이, 자, 연필, 가위, 풀
활동 방법	1. 색종이에 정육면체나 직육면체의 전개도를 그립니다(정육면체는 정사각형 6개가 붙어있는 십자 모양). 2. 선을 따라 잘라내고, 각 면에 숫자를 써가며 입체로 조립합니다. 3. 조립 후 도형을 손에 들고 면의 수, 모서리의 수, 꼭짓점의 수를 직접 세어 봅니다.
배울 수 있는 수학 개념	입체도형과 전개도, 면·모서리·꼭짓점의 구조 이해
활용 팁	도형을 하나 만든 후 같은 전개도로 만든 도형을 친구나 형제와 맞바꾸는 활동을 해 보면 관찰력과 표현력도 함께 자랍니다.

수학 공부, 아이가 질리면 어떻게 해요?

인스타그램에서 매달 팔로워들에게 받는 질문 중, 매번 빠지지 않고 나오는 하나가 있습니다. 문장은 다르지만 뉘앙스가 항상 비슷한 질문이죠.

"이렇게 수학을 공부 시키다가, 혹시 질리면 어떻게 하죠?"

이 질문은 단순히 '지루해할까 봐'하는 걱정보다는 아이가 공부를 포기하지 않고 끝까지 잘 해내길 바라는 간절한 마음이 담겨 있다고 생각합니다.

우리가 자라던 시절에도 공부를 안 하다가 갑자기 혜성처럼 나타나 뛰어난 성적을 내는 친구들이 있었습니다. 지금도 그런 친구들은 있지만 그 비율은 점점 줄어들고 있습니다. 그 이유는 요즘 공부 격차가 더 벌어지고 있기 때문입니다. 공부를 잘하는 아이들은 어릴 때부터 공부하는 습관과 태도를 가지고 있으며, 이는 하루아침에 따라잡기 어려운 부분입니다.

다양한 아이들을 지도해 보니, 어릴 때부터 습관이 잘 잡힌 아이들에게 공부는 오히려 당연한 일이었습니다. 반면, 처음 공부 습관을 잡으려는 아이들은 학년이 높을수록 더 힘들어 하는 경우가 많았습니다. 이런 경험을 바탕으로 저는 이렇게 말하기로 결심했습니다.

"질릴까 봐 시작도 안 하는 것보단, 질리면 그때 가서 생각해도 괜찮아요!"

사람은 자기가 쌓아 온 것을 쉽게 놓지 못하며, 공부도 마찬가지라고 생각합니다. 누가 봐도 질릴 만큼 열심히 한 아이들은 '질린다.'라는 표현조차 떠올리기 어렵습니다. 그들에게 그 시간은 단순한 단어로 표현될 수 없는 소중한 시간이기 때문입니다. 어린 아이들도 자신이 노력한 시간을 알고 그 시간을 보낸 자신을 자랑스럽게 여깁니다.

또 가끔 이런 이야기를 듣습니다.

"문제집 그렇게 풀어서 뭐해요?"

"그렇게 공부 시켜서 의대 보내려고요?"

하지만 공부는 문제집 푸는 것 이상이라고 생각합니다. 공부는 결국 인생을 버티는 힘을 길러 주는 훈련입니다. 어떻게 항상 웃으면서만 공부할 수 있을까요? 공부는 때로 눈물도 나고, 지치며, 하기 싫은 날도 있습니다. 하지만 그 과정을 버텨내는 힘이 인생의 어떤 어려움도 이겨낼 수 있는 힘이 된다고 믿습니다.

　돈과 지위로만 성공을 판단하는 이들에게 공부는 무의미할 수도 있습니다. 그러나 제가 아이들에게 공부를 시키는 가장 큰 이유, 질릴 때까지 한번 해 보자고 하는 이유는 끝까지 살아내고 버티는 힘이 진정한 성공이라고 믿기 때문입니다. 지금 이 공부는 단순히 문제를 맞히는 일이 아니라 자기 자신을 이끌어 가는 힘을 기르는 일이며, 그 힘을 기르기 위해 오늘도 아이와 함께 문제집을 펼치고 공부를 시작했다는 것을 꼭 전하고 싶었습니다.

　질릴까 봐 미리 걱정하기보다, 질릴 때까지 한번 해 보는 마음, 어떨까요?

매일매일 공부 습관의 위대한 힘

공부란 참으로 지겹고 재미없는 활동입니다. 어떤 순간에는 '과연 생산적인 일인가?' 스스로 끊임없이 의문을 던지기도 합니다. 공부를 시키는 부모의 입장에서도, 재미없어 힘들어 하는 아이를 옆에서 붙들고 공부 시킨다는 것은 어쩌면 고문에 가까운 일일지도 모릅니다. 이럴 때 제가 자주 드리는 말이 있습니다.

한번 잘할 수 있을 때까지 해 보자!

"잘할 수 있을 때까지 해 보세요!"라는 말은 얼핏 들으면 모순처럼 느껴질 수 있습니다. 공부하기 싫어 죽겠다는 아이에게 잘할 때까지 해 보라니 말이 안 된다고 생각할 수도 있죠. 하지만 살아보니 한 가지 분명한 사실이 있었습니다. 모든 사람은 자신이 잘하는 일을 재미있어 한다는 것입니다. 자신이 잘한다고 느끼는 일에 더 많은 시간을 쓰고 몰입하게 됩니다.

저는 어릴 때 운동을 못하는 학생이었고, 운동이 세상에서 제일 재미없고 하기 싫은 활동이었습니다. 그런데 둘째를 낳은 후 처음으로 운동을 시작했고, 매일 운동하러 나갔습니다. 너무 도망가고 싶었고, 어떤 날은 아팠으면 좋겠다고도 생각했지만, 선생님이 해 준 말이 잊히지 않습니다.

"안 죽어요. 그냥 매일 하기만 해요!"

한 달, 두 달 지나면서 체력이 올라갔고, 어느 순간 모든 동작을 따라 할 수 있게 되었습니다. 운동이 아주 좋아지진 않았지만, 더 이상 싫지는 않았고, 운동에 대한 두려움도 사라졌습니다. 언제든 마음먹으면 할 수 있다는 믿음도 생겼습니다.

공부도 마찬가지일 수 있습니다. 잘하게 되는 과정은 힘들고 느리며, 포기하고 싶은 순간도 연속됩니다. 부모 입장에서는 책을 던지고 싶을 때도 있고, 내가 무슨 죄를 졌나 절망할 때도 있습니다. 하지만 그 과정을 지나 아이가 스스로 "나 수학 좀 하는데?"라고 느끼거나 좋아하는 과목에 수학을 적는 순간이 오면, 공부가 재미있어질 수도 있습니다.

아이는 혼자 시작하지 못합니다. 아직 해 본 적이 없기 때문입니다. 그 시작을 도와주는 사람이 부모이고 환경이며, 때로는 주변의 조력자입니다. 운동선수도 혼자 운동하지 않듯, 공부도 혼자만 해내야 하는 싸움이 아닙니다. 모든 일은 결국 '잘하게 되는 순간' 재미가 붙기 마련이며, 그 과정까지 아이의 곁에서 함께 걸어 주는 어른이 있다면 아이도 언젠가는 스스로 공부하는 사람이 될 것입니다.

웩슬러 지능 검사 1%보다 더 강력한 성실함

머리가 아무리 좋아도 성실함을 이기기 어렵다는 말에는 제 아이들 이야기를 빼놓을 수 없습니다. 큰아이는 분명히 머리가 좋은 편이나 성실함과는 조금 거리가 있었습니다. 반면 둘째는 웩슬러 검사 기준으로는 평범한 아이지만, 성실함은 아주 단단했습니다. 두 아이의 학습 시작점은 확연히 달랐습니다. 큰아이는 학원에서 "산만해 보이지만 막상 물어보면 다 알고 있다."는 평가를 받았고, 둘째는 "이해가 빠르지 않지만 정말 열심히 듣는다."는 말을 들었습니다.

처음에는 둘째가 큰아이를 따라잡는 게 불가능해 보였습니다. 그래서 저는 마음을 바꿔 둘째에게 성과보다는 매일의 성실함에 집중하기로 했습니다. 거북이처럼 천천히 하루하루 나아갔고, 한글을 때는 데 3년, 구구단 외우는 데 2년이 걸렸습니다. 그러나 그 느린 성실함이 점차 탄력을 얻어 4학년이 되자 작은 아이가 점차 더 잘하는 부분이 보였습니다.

저는 조심스럽게 기대하기로 했습니다.

"이 성실함 하나로 아이가 언젠가 더 큰 무언가를 이뤄내지 않을까?"

큰아이도 분명 장점이 있습니다. 그렇지만 저는 '머리가 좋으니까 잘할 것이다.', '학원에 보내면 다 될 것이다.'라는 안일한 생각으로 매일을 함께하지 못한 부모로서의 아쉬움은 있습니다. 요즘 큰아이는 사춘기를 지나면서 스스로 무언가를 해내기 시작했고, 그 뒤에는 매일 같은 시간 조용히 자기 자리를 지키던 동생의 영향도 크다고 생각합니다.

매일의 힘을 믿으세요. 작고 느린 것 같아도 그 시간은 결코 배신하지 않습니다. 제가 좋아하는 드라마 《폭싹 속았수다》에 이런 대사가 나옵니다.

"여보, 나는 있잖아. 그런데 성실한 건 자신 있어."

"나도! 나도 딴 재주는 일절 없어!'"

이 대사를 들으며 깨달았습니다. 성실함 그 자체만으로도 충분한 무기가 될 수 있다는 것을. 어쩌면 제가 아이들에게 꼭 물려 주고 싶은 것은 머리나 재산이 아닌, 자기 자신을 믿을 수 있는 성실함일지도 모른다고 말입니다.

에필로그

엄마도 아이도
행복한 수학 공부의 비밀

우리 아이의 어제보다 나은 내일을 바라고 계신가요?

아이와 수학 문제를 풀다 보면 '우리 아이는 수학 머리가 아예 없는 것 같은데, 이렇게 공부를 계속 해도 될까? 하나도 못 알아듣는 것 같은데, 이렇게 공부하는 게 맞는 걸까?'라는 생각이 들 때가 있습니다. 저 역시 그런 순간이 많았습니다. 저희 집 첫째와 둘째는 웩슬러 검사 결과도 크게 다를 만큼 두뇌가 다른 아이들입니다. 특히 둘째는 배움이 매우 느리고, 가르치는 데도 시간이 더 많이 필요

했습니다. 열 번을 알려줘야 겨우 이해하는 아이가 바로 둘째였습니다. 하지만 비가 오나 눈이 오나 바람이 부나 하루도 빠지지 않고 수학 공부를 이어갔습니다.

그 결과 둘째가 '엄청 잘한다'는 수준은 아니지만, 적어도 어디 가서 수학 때문에 기죽지 않을 정도가 되었습니다. 이 과정을 돌아보니, 공부는 머리가 없어서 못하는 것이 아니라 끈기가 없어서 못하는 것이라는 생각이 들었습니다. 수학 머리는 꼭 필요한 게 아닙니다. 특히 초등학교 때는 끈기와 성실함이 모든 것을 좌우한다고 생각합니다. 머리가 없다고 느끼면 그 머리를 뛰어넘을 만큼 반복해서 가르치면 됩니다. 가장 중요한 것은 포기하지 않고 끝까지 해내는 과정입니다.

시간당 수업료를 내야 하는 학원에서는 이런 접근이 어려울 수 있지만, 엄마는 가능합니다. 아이가 이해할 때까지 반복해서 가르칠 수 있고, 모르는 부분에 누구보다 안타까워하며 도와줄 수 있기 때문입니다. 그리고 엄마만큼 아이의 어제보다 나은 내일을 바라는 사람도 없습니다.

이런 얘기를 하면 "엄마에게 너무 큰 부담을 주는 것 아닌가요?"라는 걱정을 듣기도 하지만, 아이를 가르칠 수 있는 건 특별한 능력 때문이 아니라 아이를 향한 간절한 마음 덕분이 아닐까요? 그 마음이 힘이 되어 아이를 포기하지 않고 이끌 수 있다고 생각합니다. 매일의 끈기로 수학 머리를 만들어 주는 건 어떨까요?

엄마표 공부, 이제 그만두셔도 괜찮습니다

SNS가 발달하면서 아이 교육에 대한 관심과 정보가 많아졌습니다. 어느 순간 다른 엄마들과 자신을 비교하며 죄책감이 들기도 하고, 그 죄책감이 무리한 시작으로, 과한 엄마표 학습으로 이어지기도 합니다.

하지만 준비와 여유 없이 무리하게 시작하면, 곧 서로 감당하기 어려운 지점에 이릅니다. 그래서 말하고 싶습니다. 지금 상황이 너무 힘들다면 엄마표를 그만두어도 괜찮다고요. 지식이 부족해서, 시간이 부족해서, 체력이 부족해서 그만두는 것은 실패가 아닙니다.

엄마표 수학은 아이를 사랑하는 마음으로 시작됩니다. 그 마음은 절대 사라지지 않으니, 때로는 그만두는 용기도 필요한 선택입니다. 무리하게 가면 그 부담은 아이와 엄마 모두에게 전해지고, 수학을 즐기는 마음마저 잃게 됩니다. '내가 가르쳐야 한다.'는 마음은 '내가 책임져야 한다.'는 부담이 되고, 이 부담은 곧 조급함으로 바뀝니다. 엄마의 조급함은 아이에게 가장 큰 학습 방해가 되므로 가끔은 내려놓아도 됩니다.

엄마표는 내가 아이와 함께 걷는 한 방법일 뿐, 절대 유일한 길도 아니고 절대적인 방법도 아닙니다. 조금 가볍고 심플하게, 함께 걷는 길로 돌아오세요. 그래야 오래갈 수 있습니다. 엄마표를 잠시 멈추는 것도 어쩌면 좋은 선택일 수 있습니다. 무엇을 하든, 결국 중요한 건 아이와 매일 함께하는 '나'의 마음입니다.

당신은 이미 충분히 멋진 엄마입니다

가끔 이런 생각을 해 봅니다.

'수학을 100점 받은 아이가 90점을 받은 아이보다 정말 더 잘하는 걸까?'

'90점을 받은 아이는 늘 실수를 달고 사는 걸까?'

점수로 아이를 평가할 수는 없습니다. 점수는 그저 아이가 살아갈 긴 시간 중 찰나의 순간일 뿐입니다.

공부의 본질은 '과정'에 있습니다. 과정을 존중하며 공부한 아이는, 언젠가 인생이라는 더 큰 과정 속에서도 스스로 길을 찾고, 견딜 줄 아는 사람이 됩니다. 저는 수학을 통해 그 힘을 길러 주시기를 바랍니다. 호락호락하지 않은 세상 속에서, 아이들이 버틸 수 있는 근육을 키워 주는 것, 그것이 진짜 교육이라고 믿습니다.

어쩌면 이 책은 수학을 잘할 수 있는 많은 방법들 중 하나일 뿐일지도 모릅니다. 하지만 그 한 가지 방법이, 누군가의 하루를 조금 더 단단하게 만들어 줄 수 있다면 그것만으로도 충분하다고 생각합니다. 아이를 잘 키우고 싶은 마음이 만든 불안을 잠재우는 가장 좋은 방법은, 아무것도 하지 않는 것이 아니라 조금이라도, 무엇이라도 해 보는 것이라고 생각합니다. 직접 해 보면 알게 됩니다. 생각보다 그 일이 거창한 일이 아니라는 것을요.

이 책을 통해 여러분의 하루에 불안보다는 안정, 조급함보다는 여유가 깃들기를 바랍니다. 설령 아무것도 하지 못한 날이 있더라도 괜찮습니다. 그 시간조차도 아이를 향한 마음의 일부였을 테니까요. 그러니 너무 자책하지 마세요.

그리고 마지막으로, '완벽한 엄마'가 되려는 책임감을 조금 내려놓으세요. 엄마는 존재 그 자체만으로도 이미 충분합니다. 완벽한 아이도, 완벽한 길도 세상 어디에도 없습니다.

오늘도 불안 속에서 최선을 다하는 모든 엄마들에게, 이 책을 바칩니다.

당신은 이미 충분히 잘하고 있습니다.

아이 스스로 끝까지 풀게 하는
초등 실전 수학

초판 1쇄 인쇄 2025년 11월 13일
초판 1쇄 발행 2025년 11월 26일

지은이 오안쌤(한송이)
펴낸이 최순영

출판1 본부장 한수미
라이프 팀장 곽지희
편집 김소정
디자인 타입타이포 김효숙

펴낸곳 ㈜위즈덤하우스 **출판등록** 2000년 5월 23일 제13-1071호
주소 서울특별시 마포구 양화로 19 합정오피스빌딩 17층
전화 02) 2179-5600 **홈페이지** www.wisdomhouse.co.kr

ⓒ 한송이, 2025

ISBN 979-11-7171-562-6 03370

- 이 책의 전부 또는 일부 내용을 재사용하려면 반드시 사전에 저작권자와 ㈜위즈덤하우스의 동의를 받아야 합니다.
- 인쇄·제작 및 유통상의 파본 도서는 구입하신 서점에서 바꿔드립니다.
- 책값은 뒤표지에 있습니다.

___월 ___일

칭찬 스티커

오늘 하루 엄마가 _____에게 해 주고 싶은 칭찬 한마디

_____도 엄마에게 해 주고 싶은 칭찬 한마디

오늘 하루 엄마가 _____ 에게 해 주고 싶은 칭찬 한마디

_____ 도 엄마에게 해 주고 싶은 칭찬 한마디

오늘 하루 엄마가 _____ 에게 해 주고 싶은 칭찬 한마디

_____ 도 엄마에게 해 주고 싶은 칭찬 한마디

오늘 하루 엄마가 _____에게 해 주고 싶은 칭찬 한마디

_____도 엄마에게 해 주고 싶은 칭찬 한마디

___월 ___일

칭찬 스티커

오늘 하루 엄마가 _____에게 해 주고 싶은 칭찬 한마디

_____도 엄마에게 해 주고 싶은 칭찬 한마디

오늘 하루 엄마가 _____에게 해 주고 싶은 칭찬 한마디

_____도 엄마에게 해 주고 싶은 칭찬 한마디

오늘 하루 엄마가 _____에게 해 주고 싶은 칭찬 한마디

_____도 엄마에게 해 주고 싶은 칭찬 한마디

오늘 하루 엄마가 _____ 에게 해 주고 싶은 칭찬 한마디

_____ 도 엄마에게 해 주고 싶은 칭찬 한마디

___월 ___일

칭찬 스티커

오늘 하루 엄마가 _____에게 해 주고 싶은 칭찬 한마디

_____도 엄마에게 해 주고 싶은 칭찬 한마디

오늘 하루 엄마가 _____에게 해 주고 싶은 칭찬 한마디

_____도 엄마에게 해 주고 싶은 칭찬 한마디

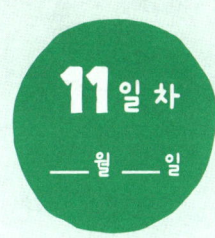

__월 __일

칭찬 스티커

오늘 하루 엄마가 _____에게 해 주고 싶은 칭찬 한마디

_____도 엄마에게 해 주고 싶은 칭찬 한마디

___월 ___일

칭찬 스티커

오늘 하루 엄마가 _____에게 해 주고 싶은 칭찬 한마디

_____도 엄마에게 해 주고 싶은 칭찬 한마디

칭찬 스티커

오늘 하루 엄마가 _____ 에게 해 주고 싶은 칭찬 한마디

_____ 도 엄마에게 해 주고 싶은 칭찬 한마디

오늘 하루 엄마가 _____ 에게 해 주고 싶은 칭찬 한마디

_____ 도 엄마에게 해 주고 싶은 칭찬 한마디

오늘 하루 엄마가 _____ 에게 해 주고 싶은 칭찬 한마디

_____ 도 엄마에게 해 주고 싶은 칭찬 한마디

___월 ___일

오늘 하루 엄마가 _____에게 해 주고 싶은 칭찬 한마디

_____도 엄마에게 해 주고 싶은 칭찬 한마디

___월 ___일

칭찬 스티커

오늘 하루 엄마가 _____에게 해 주고 싶은 칭찬 한마디

_____도 엄마에게 해 주고 싶은 칭찬 한마디

___월 ___일

칭찬 스티커

오늘 하루 엄마가 _____에게 해 주고 싶은 칭찬 한마디

_____도 엄마에게 해 주고 싶은 칭찬 한마디

오늘 하루 엄마가 _____에게 해 주고 싶은 칭찬 한마디

_____도 엄마에게 해 주고 싶은 칭찬 한마디

오늘 하루 엄마가 _____ 에게 해 주고 싶은 칭찬 한마디

_____ 도 엄마에게 해 주고 싶은 칭찬 한마디

오늘 하루 엄마가 _____ 에게 해 주고 싶은 칭찬 한마디

_____ 도 엄마에게 해 주고 싶은 칭찬 한마디

오늘 하루 엄마가 _____ 에게 해 주고 싶은 칭찬 한마디

_____ 도 엄마에게 해 주고 싶은 칭찬 한마디

___월 ___일

칭찬 스티커

오늘 하루 엄마가 _____에게 해 주고 싶은 칭찬 한마디

_____도 엄마에게 해 주고 싶은 칭찬 한마디

오늘 하루 엄마가 _____에게 해 주고 싶은 칭찬 한마디

_____도 엄마에게 해 주고 싶은 칭찬 한마디

오늘 하루 엄마가 _____ 에게 해 주고 싶은 칭찬 한마디

_____ 도 엄마에게 해 주고 싶은 칭찬 한마디

오늘 하루 엄마가 _____ 에게 해 주고 싶은 칭찬 한마디

_____ 도 엄마에게 해 주고 싶은 칭찬 한마디

27일 차
___월 ___일

칭찬 스티커

오늘 하루 엄마가 _____에게 해 주고 싶은 칭찬 한마디

_____도 엄마에게 해 주고 싶은 칭찬 한마디

28일 차
___월 ___일

칭찬 스티커

오늘 하루 엄마가 _____에게 해 주고 싶은 칭찬 한마디

_____도 엄마에게 해 주고 싶은 칭찬 한마디

오늘 하루 엄마가 _____에게 해 주고 싶은 칭찬 한마디

_____도 엄마에게 해 주고 싶은 칭찬 한마디

오늘 하루 엄마가 _____에게 해 주고 싶은 칭찬 한마디

_____도 엄마에게 해 주고 싶은 칭찬 한마디

오늘 하루 엄마가 _____에게 해 주고 싶은 칭찬 한마디

_____도 엄마에게 해 주고 싶은 칭찬 한마디

오늘 하루 엄마가 _____ 에게 해 주고 싶은 칭찬 한마디

_____ 도 엄마에게 해 주고 싶은 칭찬 한마디

오늘 하루 엄마가 _____에게 해 주고 싶은 칭찬 한마디

_____도 엄마에게 해 주고 싶은 칭찬 한마디

오늘 하루 엄마가 _____에게 해 주고 싶은 칭찬 한마디

_____도 엄마에게 해 주고 싶은 칭찬 한마디

오늘 하루 엄마가 _____ 에게 해 주고 싶은 칭찬 한마디

_____ 도 엄마에게 해 주고 싶은 칭찬 한마디

36일 차
___월 ___일

칭찬 스티커

오늘 하루 엄마가 _____ 에게 해 주고 싶은 칭찬 한마디

_____ 도 엄마에게 해 주고 싶은 칭찬 한마디

오늘 하루 엄마가 _____ 에게 해 주고 싶은 칭찬 한마디

_____ 도 엄마에게 해 주고 싶은 칭찬 한마디

오늘 하루 엄마가 _____에게 해 주고 싶은 칭찬 한마디

_____도 엄마에게 해 주고 싶은 칭찬 한마디

오늘 하루 엄마가 _____ 에게 해 주고 싶은 칭찬 한마디

_____ 도 엄마에게 해 주고 싶은 칭찬 한마디

__월 __일

칭찬 스티커

오늘 하루 엄마가 _____ 에게 해 주고 싶은 칭찬 한마디

_____ 도 엄마에게 해 주고 싶은 칭찬 한마디

오늘 하루 엄마가 _____ 에게 해 주고 싶은 칭찬 한마디

_____도 엄마에게 해 주고 싶은 칭찬 한마디

___월 ___일

칭찬 스티커

오늘 하루 엄마가 _____에게 해 주고 싶은 칭찬 한마디

_____도 엄마에게 해 주고 싶은 칭찬 한마디

오늘 하루 엄마가 _____ 에게 해 주고 싶은 칭찬 한마디

_____도 엄마에게 해 주고 싶은 칭찬 한마디

오늘 하루 엄마가 _____ 에게 해 주고 싶은 칭찬 한마디

_____ 도 엄마에게 해 주고 싶은 칭찬 한마디

오늘 하루 엄마가 _____에게 해 주고 싶은 칭찬 한마디

_____도 엄마에게 해 주고 싶은 칭찬 한마디